Theorie der Tauschverträge

Dirk Kaiser

Theorie der Tauschverträge

Geld und Vermögen im
gesamtwirtschaftlichen Gleichgewicht

Dirk Kaiser
Fachbereich Wirtschaft
Hochschule Bochum
Bochum, Deutschland

ISBN 978-3-658-20932-2   ISBN 978-3-658-20933-9 (eBook)
https://doi.org/10.1007/978-3-658-20933-9

Die Deutsche Nationalbibliothek verzeichnet diese Publikation in der Deutschen Nationalbibliografie; detaillierte bibliografische Daten sind im Internet über http://dnb.d-nb.de abrufbar.

Springer Gabler
© Springer Fachmedien Wiesbaden GmbH 2018
Das Werk einschließlich aller seiner Teile ist urheberrechtlich geschützt. Jede Verwertung, die nicht ausdrücklich vom Urheberrechtsgesetz zugelassen ist, bedarf der vorherigen Zustimmung des Verlags. Das gilt insbesondere für Vervielfältigungen, Bearbeitungen, Übersetzungen, Mikroverfilmungen und die Einspeicherung und Verarbeitung in elektronischen Systemen.
Die Wiedergabe von Gebrauchsnamen, Handelsnamen, Warenbezeichnungen usw. in diesem Werk berechtigt auch ohne besondere Kennzeichnung nicht zu der Annahme, dass solche Namen im Sinne der Warenzeichen- und Markenschutz-Gesetzgebung als frei zu betrachten wären und daher von jedermann benutzt werden dürften.
Der Verlag, die Autoren und die Herausgeber gehen davon aus, dass die Angaben und Informationen in diesem Werk zum Zeitpunkt der Veröffentlichung vollständig und korrekt sind. Weder der Verlag noch die Autoren oder die Herausgeber übernehmen, ausdrücklich oder implizit, Gewähr für den Inhalt des Werkes, etwaige Fehler oder Äußerungen. Der Verlag bleibt im Hinblick auf geografische Zuordnungen und Gebietsbezeichnungen in veröffentlichten Karten und Institutionsadressen neutral.

Gedruckt auf säurefreiem und chlorfrei gebleichtem Papier

Springer Gabler ist Teil von Springer Nature
Die eingetragene Gesellschaft ist Springer Fachmedien Wiesbaden GmbH
Die Anschrift der Gesellschaft ist: Abraham-Lincoln-Str. 46, 65189 Wiesbaden, Germany

Vorwort

Diese Untersuchung entspringt tiefem Respekt vor der Volkswirtschaftslehre als Gegenstand theoretischer Forschung, akademischer Lehre und politischer Entscheidungsvorbereitung. Bei einzelnen ihrer Grundmodule fragt sich der Verfasser jedoch gelegentlich, ob man sie bereits als Elemente einer Dauerkonstruktion ansehen kann. Dies betrifft im Kern die folgenden Punkte:

- Die EINZELGUTKONZEPTION DES MARKTES in der Volkswirtschaftslehre scheint nicht zu reflektieren, wie sich Tausch im praktischen Wirtschaftsleben tatsächlich abspielt, nämlich gegenläufig oder „synallagmatisch".

- Das Konzept des Geldmarkts im Allgemeinen und speziell das der GELDNACHFRAGE deuten für das allgemeine Tauschmittel eine sättigungslose und rivalisierende Knappheit an, die mit dem Sachverhalt kontrastiert, dass sich Fiat Money, also stoffwertloses Geld, grundsätzlich in beliebigen Beträgen von einer Gesellschaft bereitstellen lässt.

- Der konzeptionell der Klassik entstammende und dort (wie seine Compagnons Arbeit und Boden) primär der Erklärung der sozialklassenbezogenen Einkommensverteilung dienende Produktionsfaktor Kapital hat insbesondere als so genanntes REALKAPITAL ein ambivalentes Wesen angenommen, das im Sinne der Bilanz eines Unternehmens nicht nur die für einen Produktionsfaktor typischen Züge von Aktiva (Maschinen, Geschäftsausstattung etc.) annimmt, sondern gleichzeitig auch die von Passiva (Aktien, Anleihen usw.). Letztere finanzieren wirtschaftspraktisch zwar durchaus den Erwerb von Produktionsfaktoren, können jedoch nicht selbst als Input in die Produktion angesehen werden.

- Hinzu kommt die in der makroökonomischen Modellbildung nicht selten getroffene Annahme der SUBSTITUTIONALITÄT zwischen fest verzinslichen, insbesondere staatlichen Anleihen einerseits und Realkapital andererseits – obwohl (aus einer von Humankapital als Vermögenskomponente einmal abstrahierenden Warte) die an die Anleihehalter als Gegenleistung für ihre früheren Vorschüsse fließenden Zahlungen gerade aus dem Realkapital gespeist werden müssen.

Diese in drei Teile zerfallende Untersuchung möchte diese Sachverhalte ausführlich schildern und Vorschläge unterbreiten, wie man an die zugrundeliegenden Fragestellungen vielleicht in alternativer Weise herangehen könnte.

Der Verfasser dankt entsprechend Springer Gabler und namentlich Frau Dr. Isabella Hanser und Frau Margit Schlomski sehr für die Möglichkeit der Veröffentlichung der Schrift in diesem, ihrem Hause.

Bochum, im November 2017
Dirk Kaiser

Inhaltsverzeichnis

Vorwort ... V

Teil I	Tauschverträge und das Walrasianische Paradigma	1
1.	Das Paradigma in der Wissenschaftstheorie	1
2.	Das Walrasianische Paradigma in der heutigen Wirtschaftswissenschaft	3
2.1	Partialanalytische Ursprünge	4
2.2	Totalanalyse und allgemeines Gleichgewicht	7
2.3	Reflexion	9
2.3.1	Zugewinn an Erklärungsgehalt im Wege der Abschwächung von Annahmen	9
2.3.2	Integration von Geld in das Modell des allgemeinen Gleichgewichts	11
3.	Grundelemente eines tauschsystematisierten walrasianischen Paradigmas	23
3.1	Zeitliche Grundmuster des Tauschs	23
3.2	Geldverwendungsmuster des Tauschs	26
4.	Erste Anwendungsmöglichkeiten eines tausch-systematisierten walrasianischen Paradigmas	27
4.1	Verkehrsgleichung	27
4.2	Financial Assets	28
4.3	Market for Corporate Control	29
4.4	Kapitalbegriff	30
4.5	Finanzierungslehre	33
Teil II	Eine tauschvertragliche Analyse privaten und staatlichen Vermögens	37
1.	Ursprünge und Bedeutung einer berühmten Debatte	37
2.	Innere Tauschverträge	39
2.1	Zeithorizont	39

2.2	Haushaltssektor	40
2.3	Unternehmenssektor, Privatvermögen	40
2.4	Tausch	44
2.4.1	Kollektives Votum für indirekten Tausch	44
2.4.2	Eigenfinanzierung als originäre Unternehmensfinanzierung	44
2.5	Staat	45
2.5.1	Budgetausgleich	45
2.5.2	Ordnungspolitische Flankierung des Tauschs durch Verträge	45
2.6	Marktarchitektur	47
2.6.1	Kassamarkt für Realkapital	47
2.6.2	Terminmarkt für Output	49
2.6.3	Finanzmarkt für Unternehmensanteile	51
2.6.4	Finanzmarkt für Staatsanleihen, Teil I	55
3.	Äußere Finanzierungsverträge	55
3.1	Banknoten	55
3.2	Kopplung	56
4.	Multiples Tauschgleichgewicht und Bilanz	60
4.1	Multiples Tauschgleichgewicht	60
4.2	Klassische Staatsschulden (Finanzmarkt für Staatsanleihen, Teil II)	61
4.3	Pauschalsteuern	63
4.4	Vermögen	64
4.5	Bilanz	64
4.5.1	Gegenwartswert und Anschaffungskosten als fundamentale Wertansätze	64
4.5.2	T-Struktur	65
4.5.3	Komplementarität	66
4.5.4	Bilanzierungsstandards	67
4.6	Optimierung und Budgetausgleich	69
4.6.1	Maximierung des Gewinns und seiner Ausschüttung durch den Unternehmenssektor	69
4.6.2	Staatlicher Budgetausgleich	72
4.6.3	Maximierung des Nutzens durch den Haushaltssektor	75
4.7	Nettovermögen des privaten Sektors	77
5.	Dekonvertibilitierung des Geldes	78

Teil III	Ein externes monetäres Kalkül für den Homo oeconomicus	81
1.	Zur externen Anordnung des Kalküls	*81*
2.	Der Betrag der Geldhaltung als Reflex einer Abwägung von Vorteilen und Kosten	*84*
2.1	Vorteile der Geldhaltung	*84*
2.2	Kosten der Geldhaltung	*86*
2.3	Individuelles Optimierungskalkül	*86*
2.4	Aggregation	*87*
3.	Analyse eines expansiven monetären Impulses	*88*
3.1	Revision des Nutzenmaximierungsproblems	*88*
3.2	Verschiebung der Outputnachfragefunktion	*89*
3.3	Ein Markt zu viel?	*91*
3.4	Zum Problem der Integration von Geld in die Theorie des systemweiten Gleichgewichts	*92*
3.4.1	Eine Alternative zum Konzept des Geldmarkts	92
3.4.2	Validität konventioneller mikroökonomischer Lehrkonzept	93

Zusammenfassung	95
Ausblick	98
Literaturverzeichnis	99

Teil I Tauschverträge und das Walrasianische Paradigma

Auch Robinson-Ökonomie und Planwirtschaft sind zwar jeweils durch die beiden ökonomischen Grundaktivitäten Produktion und Konsum geprägt. Nur aber in der Marktwirtschaft fällt zusätzlich der Tausch an. Dessen wirtschaftswissenschaftliche Abbildung orientiert sich bis heute stark am Arrangement von *Walras*: Nachdem ein wohl informierter Auktionator zentral ein Preissystem ermittelt hat, das alle Märkte räumt, werden die korrespondierenden reinen Gütertauschpläne in einem einzigen Zeitpunkt transaktionskostenfrei und direkt in die Tat umgesetzt. Dieses Paradigma kann durch das Konzept des Tauschvertrages jedoch erweitert und systematisch variiert werden. Hierdurch wiederum lassen sich zahlreiche reale Phänomene – seien sie einzel-, seien sie gesamtwirtschaftlicher Natur – innovativ erklären und anhängende wissenschaftliche Problemstellungen unkonventionell analysieren.

Wichtige Begriffe	Partialanalyse, Totalanalyse, allgemeine Gleichgewichtstheorie, Double Coincidence of Wants, Synallagma, Kassa-, Finanzierungs- und Terminverträge, Geldverwendungsmuster, Verkehrsgleichung, Financial Assets, Kapital, Finanzierung, Cash Flow Statement
JEL Codes	B12, B13, D50, E40, K00

1. Das Paradigma in der Wissenschaftstheorie

In Weiterentwicklung des Gedankenguts von *Humboldt*[1] wird die Wissenschaft heute häufig in die auf Erkenntnisgewinn ausgerichtete Forschung und die der Erkenntnisvermittlung verpflichtete Lehre eingeteilt. Individuelle Forschungsaktivitäten wiederum könnte man sich grundsätzlich auch frei von jeder Vorprägung vorstellen; für die meisten Forscher dürfte es jedoch ganz selbstverständlich sein, sich auf der Suche nach Erkenntnis auch bereits erlernter Methoden und Schemata zu bedienen (so wie ja auch der Kapitän eines Schiffes auf Entdeckungsreise die bewährten Navigationsinstrumente meist nicht

---

Eine frühere Fassung dieses Teils I diente 2015 als Grundlage für eine Präsentation bei der dritten Jahrestagung des Arbeitskreises Finanzierung der Professorinnen und Professoren an Fachhochschulen und Hochschulen für angewandte Wissenschaften. Weiterhin dankt der Verfasser Herrn Professor *Tobias Kronenberg*, Herrn Diplom-Volkswirt *Bernd Fuchs* und Herrn *Maximilian Lietz* für ihre wertvollen und inspirierenden Anmerkungen zu Frühfassungen.

[1] Vgl. *Humboldt* (1809/1959), S. 119; dazu *ders.* (1810/1997), S. 118; ergänzend *Kaiser* (2013), S. 42-46.

© Springer Fachmedien Wiesbaden GmbH 2018
D. Kaiser, *Theorie der Tauschverträge*,
https://doi.org/10.1007/978-3-658-20933-9_1

aus der Hand legt, sondern auf diese in einer solchen Situation vielmehr in besonderer Weise angewiesen ist). Solche wissenschaftlichen Leitbilder werden häufig als Paradigma bezeichnet. Während der Begriff in politischer Debatte, Kulturbetrieb und manchen anderen Bereichen des täglichen Lebens mittlerweile schier zu einem Modewort geworden ist, gilt er wissenschaftstheoretisch heute weder als allgemein akzeptiert noch als eindeutig definiert.[2] Wird er jedoch auf wissenschaftlichem Parkett verwendet, dürfte zumindest überwiegend auf die Konzeption von *Kuhn* zurückgegriffen werden, bei dem der berühmte „Paradigm shift" (der Paradigmenwechsel also) eine Phase der Normalwissenschaft beendet und eine wissenschaftliche Revolution auslöst. Ein solcher Wechsel des wissenschaftlichen Leitbildes sei in dieser Schrift jedoch nicht von Bedeutung, sondern vielmehr das Paradigma als solches, welches *Kuhn* in seiner insofern wichtigsten Schrift, *The Structure of Scientific Revolutions*[3], insbesondere mit folgenden Formulierungen erläutert:

o „Ein Paradigma ist ein akzeptiertes Modell oder Muster."

o Seine „Errungenschaft war in hinlänglicher Weise noch nicht da gewesen, um eine unterstützende Gruppe von Anhängern von rivalisierenden Modellen wissenschaftlicher Aktivität weg- und anzuziehen."

o „Es war ausreichend offen gehalten, um alle Arten von Problemen für die neu definierte Anwendergruppe einer Lösung harren zu lassen."

Dieser Teil I der Theorie der Tauschverträge konkretisiert in seinem sich anschließenden KAPITEL 2 das Kuhnsche Konzept des wissenschaftlichen Leitbildes und erläutert dessen Wirkungsweise anhand des so genannten Walrasianischen Paradigmas, welches das wirtschaftswissenschaftliche Denken bis heute in entscheidender Weise prägt. KAPITEL 3 unterbreitet Vorschläge, wie dieses nun immerhin schon auf rund 150 Jahre zurückblickende Denkmuster erweitert und systematisch variiert werden könnte. KAPITEL 4 deutet in Form verschiedener Kurzanwendungen an, dass sich das derart renovierte Paradigma noch enger an bestimmte Gegebenheiten des Wirtschaftslebens anzuschmiegen vermag als seine Urform. In Teil II wird ein im beschriebenen Sinne überarbeitetes walrasianisches Denken auf die bereits etwas ältere wirtschaftswissenschaftliche Fragestellung projiziert, ob bestimmte Komponenten des Vermögens des privaten Sektors eines ökonomischen Systems in einem substitutionalen oder komplementären Verhältnis zueinander stehen. Trotz zahl-

---

[2] Vgl. *Schneider, D.* (2001), S. 402-415.
[3] *Kuhn* (1999), S. 10, 23, 104.

reicher Ansätze zu ihrer Beantwortung ist diese Frage bis heute letztlich offen geblieben – was auch die fundamentale Bedeutung der Fragestellung dokumentiert. Begleitend wird für das Phänomen der Geldhaltung durch rational handelnde Wirtschaftssubjekte davon ausgegangen, dass es einem Kalkül entspringt, welches zeitlich und sachlich außerhalb der Marktarchitektur und damit auch außerhalb bisheriger wirtschaftswissenschaftlicher Erklärungsansätze für dieses Phänomen angesiedelt ist. Geld erscheint so vielmehr als finanzierungsvertraglich strukturierte, „äußere" Ankopplungsstation für andere, quasi „innere" Tauschverträge. Expliziert wird das zugehörige externe monetäre Kalkül in Teil III der Untersuchung.

2. Das Walrasianische Paradigma in der heutigen Wirtschaftswissenschaft

Vergleicht er den hohen mathematischen Abstraktionsgrad vieler wirtschaftstheoretischer Analysen von heute[4] mit der rein sprachbasierten Vorgehensweise der so genannten klassischen Nationalökonomie, konkretisiert insbesondere in den grundlegenden Schriften von *Smith*[5], *Ricardo*[6] und *Marx*[7], könnte sich bei dem einen oder anderen Leser ein gewisser Respekt vor dem Lebenswerk des letztendlichen Begründers der mathematischen Wirtschaftstheorie, des französischen Neoklassikers *Walras*[8] einstellen. Denn manches, was die Klassiker zuvor in Form ausgedehnter Beispiele expliziert hatten, hätte sich unter Verwendung von Symbolen, Funktionen etc. wohl deutlich kürzer und zugleich prägnanter darstellen lassen.[9] Und noch wachsen könnte der Respekt angesichts der Beobachtung, dass es nicht nur diese mathematische Methode als solche ist, die bis heute wirtschaftstheoretische Standards setzt. Vielmehr gehören noch weitere Bausteine des Analyseschemas von *Walras* nach wie vor zum wirtschaftswissenschaftlichen State of the Art und werden in ihrer Gesamtheit deshalb nicht selten auch als Walrasianisches Paradigma[10] angespro-

---

[4] Pars pro toto sei auf die heutzutage in der Fachzeitschrift *Econometrica* veröffentlichten Aufsätze verwiesen.
[5] Vgl. *Smith* (1789/1937).
[6] Vgl. *Ricardo* (1821/1951).
[7] Vgl. *Marx* (1890/1983), (1893/1984) und (1894/1984).
[8] Für Einzelheiten der Vita von *Léon Walras* (1834-1910) sei auf die Literatur verwiesen; vgl. *Kaiser* (2011a), S. 23f.
[9] Ähnlich sieht es bereits *Cournot* (1838/1991), S. ix.
[10] *Bowles/Gintis* (2000), S. 1430.

chen. Bei einzelnen dieser Module konnte *Walras* allerdings auf zu seiner Zeit bereits etablierte Werke zurückgreifen und brauchte sie lediglich noch in sein Werk zu integrieren (was ihm aufgrund ihrer Passgenauigkeit im Übrigen wohl leicht von der Hand ging). Dies gilt insbesondere für verschiedene Aspekte der so genannten Partialanalyse, die von seinem Landsmann und Vorgänger *Cournot* in vieler Hinsicht angedacht und von seinem englischen Zeitgenossen *Marshall* in mancher Weise noch verfeinert wurde.[11]

2.1 Partialanalytische Ursprünge

Eine Robinson-Ökonomie ist ein denkbar einfaches wirtschaftliches Handlungsgefüge. Über den sprichwörtlichen, auf seiner einsamen Insel lebenden Gestrandeten hinaus kann man sie sich beispielsweise auch als kleinere Siedlergruppe auf einem abgelegenen ländlichen Gehöft vorstellen. Wollen die genannten Individuen überleben, müssen sie notgedrungen zumindest Nahrungsmittel produzieren und diese sodann verbrauchen, also konsumieren. Insofern ganz ähnlich verhält es sich mit der Planwirtschaft, insbesondere der kommunistischen, in der – viele haben die historischen Bilder noch vor Augen – der Parteitag alle paar Jahre wieder beschließt, was etwa an Butter erzeugt werden soll, damit die Versorgung der Bevölkerung mit diesem Milchprodukt gesichert wird. Und schließlich fallen ebendiese Produktion (nunmehr jedoch durch verselbstständigte Unternehmen) und ebendieser Konsum (jetzt aber durch als solche klar von den Unternehmen abgegrenzte Haushalte) auch in der Marktwirtschaft an, in der allerdings der Tausch als dritte und für diese wirtschaftspolitische Ordnungsform auch charakteristische Grundaktivität neben die beiden erstgenannten tritt.[12] Alleine schon aus didaktischen Gründen wäre deshalb in marktwirtschaftlich geordneten Systemen eine graphische Darstellung attraktiv, die Produktion, Konsum und Tausch in geschickter Weise miteinander vereint und anschaulich macht. Beschränkt man nun den Analyserahmen und damit die erwähnte Skizze auf ein einziges Gut – und genau dies ist kennzeichnend für die so genannte Partialanalyse – liegt eine entsprechende Darstellung auch bereits seit langem vor. Es ist dies das mittlerweile selbst außerhalb der Wirtschaftswissenschaft vielfach in Bezug genommene Angebots-

---

[11] Vgl. *Schneider, E.* (1949), S. 200.
[12] Vgl. *Eucken* (1952), S. 21f. Hier lauten die Bezeichnungen der drei Ordnungsformen allerdings „Eigenwirtschaft" bzw. „Zentralverwaltungswirtschaft" bzw. „Verkehrswirtschaft".

Nachfrage-Diagramm.[13] Bei diesem handelt es sich standardmäßig um den rein positiven Orthanten eines kartesischen Koordinatenkreuzes, in dem typischerweise[14] die Menge x des produzierten bzw. konsumierten bzw. getauschten Gutes der Abszisse die Dimension gibt und dessen Preis p der Ordinate. (Da sowohl Preise als auch Mengen im ökonomischen Standardfall nicht negativ ausfallen, sind die verbleibenden Orthanten hingegen häufig nicht von Interesse, insbesondere nicht in dieser Untersuchung.) Abbildung 1 veranschaulicht den Sachverhalt.

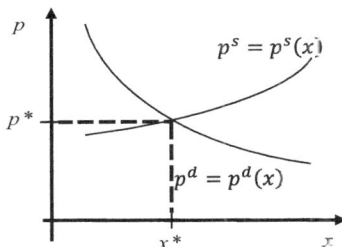

ABBILDUNG 1   *Angebots-Nachfrage-Diagramm*

Aus Gründen, die in Kürze deutlich werden dürften, kann der Leser sich unter dem zu Abbildung 1 gehörenden Gut beispielsweise die bereits in Bezug genommene Butter vorstellen. Es ist sprachlich konsequent, p^s als den Angebotspreis (der Butter) zu bezeichnen. Gebräuchlicher ist allerdings die Bezeichnung Angebotskurve (der Index s steht für „supply", also Angebot). Sie gibt über ihren Definitionsbereich hinweg den jeweiligen Preis an, zu dem eine bestimmte Menge angeboten wird. Geht man hierbei davon aus, dass eine Sequenz infinitesimaler Mengenerhöhungen immer höhere Kosten für das jeweils letztproduzierte Differential nach sich zieht, ergibt sich für rational planende Produzenten ein wie dargestellt steigender Verlauf der Angebotskurve.[15]

Demgegenüber repräsentiert p^d (d wie „demand" oder Nachfrage) den Nachfragepreis oder auch die Nachfragekurve, für den bzw. die ein fallender Verlauf wie in Abbildung 1

---

[13] Treffender als durch das Bonmot, man könne selbst einen Papagei zu einem diskussionsfesten Ökonomen machen, wenn man ihm nur die Worte „Angebot" und „Nachfrage" beibrächte, kann man die Bedeutung dieser Darstellung wohl kaum zum Ausdruck bringen; vgl. *Samuelson* (1981), S. 83.
[14] Vgl. *Marshall* (1936), S. 99, Fn. 1.
[15] Vgl. *Cournot* (1838/1991), S. 101; *Marshall* (1936), S. 464, Fn. 1.

die berühmte Bezeichnung „Gesetz der Nachfrage"[16] und dem Umstand Rechnung trägt, dass größere Mengen unter normalen Umständen nur dann von rational planenden Haushalten nachgefragt werden, wenn letzteren hierfür durch einen niedrigeren Preis ein entsprechender Anreiz geschaffen wird.[17] (Für im beschriebenen Sinne rational handelnde Unternehmen und Haushalte hat sich im Übrigen die Sammelbezeichnung Homo oeconomicus etabliert.) Der Schnittpunkt beider Kurven determiniert das Marktgleichgewicht, das zwei wichtige Eigenschaften[18] aufweist: (1) Alle Akteure befinden sich im Optimalbereich ihrer Planungsmöglichkeiten; die Unternehmen maximieren also ihren Gewinn und die Haushalte ihren Nutzen. (2) Der Markt wird durch Tauschaktivitäten vollständig geräumt.[19] p^* könnte man entsprechend als den Gleichgewichtspreis (der Butter) bezeichnen, x^* als die korrespondierende Gleichgewichtsmenge (an Butter).

Es ist wichtig, an dieser Stelle zu ergänzen, dass die hinter der obigen Angebots-Nachfrage-Darstellung ursprünglich stehende Denkweise sich auf nur einen, gemeinschaftlich für Produktion, Tausch und Konsum vorgesehenen Zeitpunkt bezog und vielfach bis heute auch eine derart reine Ein-Zeitpunkt-Betrachtung geblieben ist. Alle drei marktwirtschaftlichen Grundaktivitäten werden in diesem Analyserahmen also in einer einzigen logischen Sekunde vollzogen. In Abbildung 1 wird dies alleine schon durch die fehlende zeitliche Indexierung der Größen deutlich. Getauscht wird zudem ausschließlich direkt nach dem Muster „Gut gegen Gut"[20] – und nicht etwa (auch) indirekt mit Hilfe eines allgemein akzeptierten Tauschmittels, also Geld: Geld existiert hier schlicht und einfach nicht. Während nun an solcher Ein-Zeitpunkt-Betrachtung und solchem direkten Gütertausch auch die durch *Walras* entwickelte Totalanalyse nichts ändert, trägt sie doch einem dritten Umstand ausführlich Rechnung: Für die Nachfrage etwa nach Butter wird nicht nur, wie von *Cournot*[21] unterstellt, deren Eigenpreis relevant sein, sondern auch eine Vielzahl von Kreuzpreisen, insbesondere die von Margarine und Brot. Denn durch Marga-

---

[16] *Marshall* (1936), S. 99; vgl. auch *Cournot* (1838/1991), S. 48.
[17] Handelt es sich bei dem Marktobjekt nicht um ein Konsumgut wie Butter, sondern um einen Produktionsfaktor wie Arbeit, so kehren sich die Rollen im Übrigen um: Die Haushalte werden dann zu Anbietern und die Unternehmer zu Nachfragern.
[18] Vgl. *Hildenbrand/Kirman* (1988), S. 82.
[19] Graphische Darstellungen haben übrigens in der französischen Schule der Nationalökonomie in Form des Tableau Économique von *Quesnay* eine sogar noch hinter das Angebots-Nachfrage-Diagramm zurückreichende Tradition; vgl. *Quesnay* (1758-9/1972), S. xxxvii.
[20] Vgl. *Cournot* (1838/1991), S. 20; *Marshall* (1936), S. 324.
[21] Vgl. *Cournot* (1838/1991), S. 50.

rine kann man die Butter ersetzen; zu einem köstlichen Sandwich gehört aber nun einmal stets das Brot. Korrespondierend wird die Margarine als ein Substitut (das heißt: als ein rivalisierendes oder Ersatzgut) zur Butter angesehen.[22] Das Brot hingegen ist ein Komplement (und damit eine sinnvolle oder sogar notwendige Ergänzung) zu Butter wie auch Margarine.[23] Interdependenzen innerhalb des Gütervektors trägt die Totalanalyse deshalb Rechnung, und zwar mit Hilfe von Optimierungskalkülen, die simultan alle Güter erfassen. Die hieraus abgeleiteten Angebots- und Nachfragefunktionen sind darum im Allgemeinen nicht nur vom Eigenpreis des jeweiligen Gutes abhängig, sondern auch von allen anderen Systempreisen. Ein auf diesem Wege ermitteltes allgemeines Gleichgewicht[24] führt in der Konsequenz zur zeitgleichen Räumung aller betrachteten Märkte. Hieraus resultiert auch die Bezeichnung allgemeine Gleichgewichtstheorie (englisch: General equilibrium theory; aber auch: Theory of value).

2.2 Totalanalyse und allgemeines Gleichgewicht

Werden nun simultan alle systemrelevanten Güter (im Beispiel einstweilen: Butter „b", Brot bzw. französisch Pain „p" und Margarine „m") einschließlich der unter ihnen bestehenden Interdependenzen erfasst, verliert die partialanalytisch so attraktive Angebots-Nachfrage-Darstellung erheblich an pädagogischer Leichtigkeit. Anschaulich wird dies zunächst schon dadurch, dass die zugehörige Skizze nun eine Vielzahl von Märkten und damit Teildiagrammen abdecken muss. Erschwerend kommt hinzu, dass partielle Variationen (wie zum Beispiel Verschiebungen einzelner Angebots- oder Nachfragefunktionen) im Systemzusammenhang regelmäßig weitere Variationen (Verschiebungen anderer Angebots- und Nachfragefunktionen) nach sich ziehen, deren Richtung und Dimension zudem der Intuition des Zeichnenden durchaus auch zuwider laufen können. Faktisch macht eine solche Totalvariation deshalb im Allgemeinen eine mathematische Herangehensweise erforderlich. Auch wenn *Walras* in seinem Zentralwerk, den *Éléments d'économie politique pure*, zur Erläuterung von Systemausschnitten gelegentlich noch auf das Angebots-Nachfrage-Diagramm zurückgreift[25], verwundert es deshalb nicht, dass er seinen Leser im

---

[22] Vgl. *Edgeworth* (1925/1962), S. 117, Fn. 3; *Pareto* (1927), S. 251.
[23] Vgl. *Edgeworth* (1925/1962), S. 117, Fn. 3; *Pareto* (1927), S. 252.
[24] *Walras* (1874-1926/1988), S. 161.
[25] Vgl. *Walras* (1874-1926/1988), S. 236.

Kern doch mathematisch anspricht. Sei etwa $p^* = \left(p_b^*, p_p^*, p_m^*\right)$ ein Vektor von Gleichgewichtspreisen. (Im Gegensatz zur obigen Partialanalyse handelt es sich hier also nicht mehr um einen Skalar.) Er führt neben der Optimierung der individuellen Nutzen- bzw. Gewinnkalküle entsprechend zur Räumung aller systemrelevanten Märkte, was sich mit Hilfe des Vektors E der Überschussnachfragen (E wie „Excess" oder Überschuss) wie folgt zum Ausdruck bringen lässt[26]:

$$
\begin{aligned}
(1) \quad E(p^*) &= \left(E_b(p^*), E_p(p^*), E_m(p^*)\right) \\
&= \left(x_b^d(p^*) - x_b^s(p^*), x_p^d(p^*) - x_p^s(p^*), x_m^d(p^*) - x_m^s(p^*)\right) \\
&= (0,0,0)
\end{aligned}
$$

Die einzelnen Überschussnachfragefunktionen (hier: für Butter bzw. Brot bzw. Margarine) ergeben sich also jeweils als Differenz der zugehörigen Nachfrage- und Angebotsfunktion. (Die letzteren repräsentieren im Übrigen die jeweiligen Umkehrfunktionen zu den oben bereits im Rahmen der Partialanalyse erwähnten Nachfrage- und Angebotskurven.) Schließt man nun Zufallstreffer als realistische Alternative aus, erfordert die Ermittlung eines Gleichgewichtspreisvektors wie in Beziehung (1) – wenn er denn existiert[27] – offensichtlich für das System einen sehr hohen, teilweise auch als „vollkommene Information" bezeichneten Wissensstand. („Vollkommen" ist der Informationsstand allerdings zumindest insoweit eigentlich nicht, wie der Gleichgewichtspreisvektor ja erst noch ermittelt werden muss.) Von den Unternehmern beispielsweise wird unterstellt, sie kennten alle vorhandenen Produktionsmöglichkeiten einschließlich ihrer entscheidungsrelevanten Eigenschaften.[28] Auch so bleibt die Ermittlung eines Gleichgewichtspreisvektors aber eine komplexe Problematik, und die von *Walras* hierfür vorgeschlagenen Verfahrensweisen sind zwar herzerfrischend kreativ, im Regelfall aber für verlässliche Treffer keineswegs hinreichend. So soll sich eine (später auch als Auktionator betitelte) Figur[29] zunächst einmal für versuchsweise von ihr ausgerufene Preisvektoren systemweit die korrespondierenden Planmengen angeben lassen. Ergibt sich derart auf einem bestimmten Markt eine positive Überschussnachfrage, wird nach walrasianischer Preissetzungsregel[30] der zugehörige Eigenpreis erhöht, bei einer negativen gesenkt. Durch den hierdurch induzierten Pro-

---

[26] Vgl. sinngemäß *ebd.*, S. 187.
[27] Vgl. *Wald* (1935/1998); *Wald* (1936); *Wald* (1936/1998).
[28] Vgl. *Walker* (1987), S. 856 und 860.
[29] Vgl. *Walras* (1874-1926/1988), S. 70, 177.
[30] Vgl. *ebd.*, S. 189; *Walker* (1987), S. 855.

zess des Tâtonnements[31] tastet sich der Auktionator an den Gleichgewichtspreisvektor heran. Dessen Realisierung setzt aber immer noch voraus, dass es vor Freigabe nicht zu „False trading"[32], also zu Tausch zu Nicht-Gleichgewichtspreisen kommt. Und schließlich wird dieses Paradigma auch durch die Annahme angereichert, die mit dem Gleichgewichtspreisvektor korrespondierenden Planmengen ließen sich frei von Transaktionskosten und damit hochmobil[33] in die Tat umsetzen.

2.3 Reflexion
2.3.1 Zugewinn an Erklärungsgehalt im Wege der Abschwächung von Annahmen

Viele Phänomene des realen Wirtschaftslebens lassen sich in die Theoriewelt des reinen walrasianischen Paradigmas nicht schlüssig integrieren. Sie bleiben vielmehr innerhalb seines restriktiven Prämissenkranzes unerklärbar. Im Rahmen dieser Untersuchung sind als Erklärungslücken dieser Art die beiden folgenden besonders prägnant:

o Einer rechtlichen Flankierung des Tauschs durch VERTRÄGE bedarf es in der reinen walrasianischen Theoriewelt nicht. Werden nämlich Verträge in der Wirtschaftspraxis abgeschlossen, resultiert dies insbesondere aus dem Wunsch eines oder mehrerer Tauschpartner, sich vor im Vergleich zum Avisierten geringer Quantität oder schlechter Qualität der erlangten Gegenleistung zu schützen. Aus dem systemweit hohen Informationsstand der Entscheidungsträger in der Theoriewelt des Paradigmas folgt aber, dass es solche „Enttäuschungen" dort gar nicht geben kann.

o Für indirekt mit Hilfe eines allgemein akzeptierten Mediums ablaufenden Tausch und damit für GELD gibt es bei *Walras* (wie bereits angeschnitten) keine Existenzberechtigung. Denn aufgrund seines hohen Informationsstandes weiß der Auktionator ja exakt, wo welche Güter in welcher Höhe abgegeben bzw. angenommen würden und kann das hieraus von ihm ermittelte Gesamtallokationsziel problemlos auch direkt und zentral durch reinen Gütertausch aus dem Status Quo entwickeln. Entsprechend konnte auch die Ableitung von Verhaltensgleichungen wie den genannten Angebots- und Nachfragefunktionen aus Optimierungskalkülen bisher letztlich nur

---
[31] *Walras* (1874-1926/1988), S. 189.
[32] Teilweise ist auch von „Ungleichgewichtstransaktionen" die Rede; *Walker* (1987), S. 855.
[33] Vgl. *ebd.*, S. 856.

innerhalb des reinen walrasianischen Paradigmas schlüssig dargestellt werden: Hintergrund ist, dass es wenig überzeugend ist, stoffwertlosem Geld eine in gleicher Weise Gewinn oder Nutzen stiftende Wirkung wie Gütern beizulegen.

In der Wirtschaftswissenschaft sind bis heute trotz dieser und anderer Lücken Ausbildungsinhalte, die den Geist des Paradigmas oder seiner partialanalytischen Ursprünge atmen, weit verbreitetes Allgemeingut, welches wiederum die Lehre am Start pädagogisch besonders zugänglich macht. Und auch ihrer Forschung weist es bis dato an vielen unübersichtlichen Stellen verlässlich wie ein Fixstern den Weg. Obwohl sein Lichtkegel im Hinblick auf reale wirtschaftliche Phänomene unmittelbar also segmentweise dunkle Stellen aufweist, ist dies noch nicht einmal überraschend. Denn durch Abschwächung der insofern jeweils kritischen Annahmen lässt sich mittelbar vielfach ein Argumentationsstrang knüpfen, der eben doch bis zur Erklärung des in Rede stehenden Phänomens führt oder zumindest erkennbar dorthin weist. In den beiden oben genannten Beispielfällen verlaufen diese Stränge jeweils wie folgt (oder doch zumindest sinngemäß ähnlich):

o Sieht sich ein Tauschpartner über Qualität oder Quantität seiner von ihm angestrebten Gegenleistung UNVOLLKOMMEN INFORMIERT (weil sie sich, anschaulich gesprochen, beispielsweise in einer Verpackung befindet), macht es Sinn, zugehörige Parameter vertraglich zu fixieren und in diesem Kontext für den Fall einer Schlecht- oder Minderleistung auch Konsequenzen wie Nachbesserung, Kaufpreisminderung, Rückabwicklung oder Schadensersatz vorzusehen. Folgerichtig hat sich die Vertragstheorie zu einem bedeutenden wirtschaftstheoretischen Teilgebiet entwickelt.[34] Dessen Existenz als solches verdeutlicht zudem, dass (neo-)liberale Interpretationen des Walrasianischen Paradigmas im Stile eines Laissez-Faire-Kapitalismus zu kurz greifen können. Eine Marktwirtschaft bedarf vielmehr der Einbettung in eine Rechtsordnung, die insbesondere durch das Institut des Vertrags den Tausch schützt.[35] Die Abschwächung einzelner Annahmen des Walrasianischen Paradigmas zum Zwecke einer analysierenden und erklärenden Annäherung an das reale Wirtschaftsleben führt damit auch ohne Umwege zu einem es ergänzenden ordnungspolitischen Paradigma.

o Haben sich die Individuen auf einzelwirtschaftlicher Ebene und ihr System auf ge-

---

[34] Vgl. *Martimort* (2008).
[35] Vgl. *Eucken* (1952), S. 275-279.

samtwirtschaftlich-ordnungspolitischer erst einmal für Verträge entschieden, sichern letztere nicht nur die ökonomische Grundaktivität des Tauschs durch Einbettung in eine Rechtsordnung ab. Im Vergleich zu der walrasianischen Zentralveranstaltung geben sie dem Tausch vielmehr auch eine neue, dezentrale Organisationsform, durch die eine gedankliche Ziellokation allerdings auch schwerer erreichbar wird als für den Auktionator auf seinem „Podest". Denn es ist davon auszugehen, dass nur mit geringer Wahrscheinlichkeit zu einem bestimmten Gütertauschwunsch der exakt gegenläufige überhaupt existiert bzw. sich im Falle seiner Existenz auch finden lässt. Zurückgehend auf eine berühmte Formulierung von *Jevons* sagt man in diesem Zusammenhang auch, es fehle mit einiger Wahrscheinlichkeit an der erforderlichen DOUBLE COINCIDENCE[36] OF WANTS. Sollte es deshalb eine Möglichkeit geben, dem Tausch im Verbund mit den dezentral-vertragsinduzierten Erschwernissen eine zugehörige organisatorische Erleichterung zu gewähren, hätte letztere begründete Aussicht auf Akzeptanz. Tatsächlich sind reine Gütertauschverträge, so genannter Barter, im praktischen Wirtschaftsleben ja auch eher selten anzutreffen. Die korrespondierenden Tauschprojekte werden dort vielmehr regelmäßig in eine Sequenz indirekter, das heißt unter Einsatz des allgemein akzeptierten Mediums Geld ablaufender Teilvorhaben separiert.

2.3.2 *Integration von Geld in das Modell des allgemeinen Gleichgewichts*
a) Funktionen des Geldes als Tauschmittel und Recheneinheit

Das reine, von *Walras* formulierte Modell des allgemeinen Gleichgewichts ist also, um darauf zurückzukommen, ein Modell des direkten Gütertauschs nach dem Muster „Gut gegen Gut" (welches später auch als Geldverwendungsmuster 0 bezeichnet werden wird). Gibt es n Güter (neben Brot, Butter und Margarine im Beispiel nunmehr viertens auch noch Gold „g") und denkt man paarweise-gegenläufig, existieren damit $[n \cdot (n-1)]/2$ (im Beispiel also: sechs) Kombinationsmöglichkeiten, wie getauscht werden kann. Es ist klar, dass die Zahl dieser Kombinationsmöglichkeiten mit n zügig ins Beträchtliche wächst. Auch wenn man intuitiv mit den Wörtchen „Tausch" und „Markt" vielleicht eher gerade diese paarweise-gegenläufige (man sagt auch: „synallagmatische") Betrachtungsweise

---

[36] *Jevons* (1908), S. 3.

verbindet, sprechen deshalb für die von *Walras* gewählte Herangehensweise, einen Markt immer nur als Tauschplatz für jeweils einen der beiden Einzelgutbestandteile einer zugehörigen Gesamttransaktion aufzufassen (und das insofern zwingend betroffene zweite Gut einem anderen Markt im gleichen Sinne anzuvertrauen) alleine schon Effizienzüberlegungen. Es gilt nämlich:

(2) $\qquad n \overset{!}{<} \dfrac{n \cdot (n-1)}{2}$

$\Leftrightarrow \quad n > 3$

Sind also mehr als drei Güter transaktionsrelevant, erlaubt es die walrasianische Marktkonzeption, das Gesamtmodell mit weniger Märkten (im Beispiel: mit vieren) darzustellen als die paarweise-gegenläufige Herangehensweise (sechs Märkte). Parallel entfällt im Einzelgutszenario damit auch die letztlich willkürliche Festlegung, ob beispielsweise vom Tausch „Brot gegen Butter" nun die Brot- oder die Butterseite explizit erfasst werden soll (denn explizite Brotnachfrage wäre ja zugleich implizites Butterangebot, explizites Butterangebot implizite Brotnachfrage usw.).

Hat man sich damit bei direktem Gütertausch erst einmal für die walrasianische Einzelgutkonzeption des Marktes entschieden, scheint Abschätzung (2) bei mehr als drei transaktionsrelevanten Gütern zudem dafür zu sprechen, Preise nicht als Relativpreise (im Sinne von Gütertauschverhältnissen wie Brot gegen Butter, Brot gegen Margarine, Brot gegen Gold, Butter gegen Margarine, Butter gegen Gold und Margarine gegen Gold) anzugeben, sondern sie vielmehr systemübergreifend in einer Recheneinheit auszudrücken. (Stillschweigend wurde so in den Gliederungspunkten 2.1 und 2.2 auch bereits verfahren.) Wählen wir als solche zunächst einmal eine abstrakte Größe und nennen wir sie exemplarisch „Lichtjahre"[37]. Dann verursachten n in Lichtjahren ausgedrückte (Absolut-)Preise (im Beispiel: Brot in Lichtjahren, Butter in Lichtjahren, Margarine in Lichtjahren und Gold in Lichtjahren, also vier) weniger Bestimmungsaufwand als $[n \cdot (n-1)]/2$ (sechs) Relativpreise. (Strenge Verschiedenheit von null vorausgesetzt, ergeben sich die zweiten $[n \cdot (n-1)]/2$ Relativpreise im Übrigen als jeweilige Umkehrwerte der ersten.)

Andererseits passen diese Absolutpreise nicht mehr zum tatsächlichen Tauschgeschehen, sobald letzteres (trotz der wegen ihrer erhöhten Übersichtlichkeit gegebenenfalls beizube-

---

[37] *Hellwig* (1985), S. 505.

haltenden Einzelgutdarstellung) nicht mehr zentral über den Auktionator, sondern dezentral über paarweise-gegenläufige Tauschverträge abläuft. Man müsste ja doch wieder situativ die beiden jeweils betroffenen Absolutpreise (etwa Butter in Lichtjahren und Margarine in Lichtjahren) in den passenden Relativpreis (Butter gegen Margarine) umrechnen und auf diesem Wege die Recheneinheit herauskürzen. Wird also paarweise-gegenläufig getauscht, wird das System der Preisangabe erst dann durch die Verwendung einer Recheneinheit wirklich effizient geordnet, wenn (1) der Tausch indirekt mit Hilfe eines allgemeinen Tauschmittels, also Geld, abgewickelt und (2) als Recheneinheit die Maßeinheit ebendieses Tauschmittels gewählt wird. Hieraus folgt auch, dass die „Funktion"[38] des Geldes als Recheneinheit bei paarweise-gegenläufigem Tausch keine eigenständige Geldfunktion ist, sondern vielmehr dessen Tauschmittelfunktion faktisch voraussetzt.

b) Wünschenswerte Eigenschaften eines allgemeinen Tauschmittels

Die vier Güter des Beispiels zeigen im Hinblick auf eine eventuelle Eignung als allgemeines Tauschmittel jeweils unterschiedliche Eigenschaftsprofile:

- Jedes wird erfahrungsgemäß zum Zwecke der Ernährung (Brot, Butter und Margarine) benötigt bzw. des Schmucks (Gold) gewünscht. Sie sind zudem allesamt nicht frei, also nicht im Überfluss verfügbar. Jedes Beispielgut ist also KNAPP.
- Jedes Beispielgut dürfte man ferner als recht gut TEILBAR ansehen.
- Die ERKENNBARKEIT der drei Nahrungsmittel setzt einen Geschmacks- und die des Goldes einen Säuretest voraus. Sie ist damit zwar durchweg gegeben, gleichzeitig aber in jedem Fall auch noch deutlich verbesserungsfähig.
- Gegenüber Brot, Butter und Margarine sticht das Gold ein erstes Mal hervor, da es gemessen am Wert einer bestimmten Gewichtseinheit wie etwa der Feinunze ein geringes Volumen aufweist und insofern deshalb auch LEICHT TRANSPORTIERBAR ist.
- Im Gegensatz zu Brot, Butter und Margarine ist Gold zudem ziemlich HOMOGEN, weist also nur geringfügige Qualitätsschwankungen auf.
- Und schließlich ist Gold im Gegensatz zu Brot, Butter und Margarine UNVERDERB-

---

[38] *Kath* (1992), S. 178.

LICH (im Zeitablauf) bzw. KAUM ZERSTÖRBAR (durch Fehlbehandlung).[39]

Aufgrund seines im Hinblick auf seine Eignung als allgemeines Tauschmittel herausstechenden Eigenschaftsprofils möge im Beispiel bis auf weiteres alleine Gold als Geld verwendet werden (und über die Grenzen des Beispiels hinaus als Repräsentant für alle ansonsten grundsätzlich als Tauschmittel[40] bzw. Einlösungsmittel[41] in Frage kommenden Güter stehen). Abschätzung (2) ist für ein solches auch zum Katalog der Modellgüter gehörendes allgemeines Tauschmittel dann wie folgt zu modifizieren:

$$(3) \qquad n-1 \stackrel{!}{<} \frac{n \cdot (n-1)}{2}$$
$$\Leftrightarrow \quad n > 1 \quad \vee \quad n > 2$$

Da bei nur einem vorhandenen Gut naturgemäß nicht getauscht werden kann, ist die erste Lösung der quadratischen Ungleichung ökonomisch irrelevant, die zweite hingegen einschlägig: Schon wenn drei Güter vorhanden sind, ist es bei Verwendung eines derselben als Medium des indirekten Tauschs in Bezug auf den Preisbestimmungsaufwand also effizient, die Maßgröße des Tauschmediums zugleich als Recheneinheit zu verwenden.

In der wirtschaftswissenschaftlichen Modellierung wird ein als allgemeines Tauschmittel verwendetes Gut häufig an die Position n und auf diesem Wege an das Ende des Gütervektors gesetzt. (Im Beispiel ist dies für das Gold aktuell bereits der Fall.) Auf der Grundlage dieser Konvention, die die Allgemeinheit der Betrachtung in keiner Weise einschränkt, seien nun weitere Facetten des beachtlichen, die Ebene des Unterbewussten und Selbstverständlichen erreichenden Sozialphänomens der Geldhaltung betrachtet.

c) Gleichgewichtspreis des Geldes

Der Eigenpreis p_g eines auch als allgemeines Tauschmittel und Recheneinheit benutzten Gutes (des Goldes) muss alleine schon aus rechentechnischen Gründen eins sein. Marktkräfte werden ihn im Übrigen zu diesem Niveau geleiten: Läge nämlich p_g (hier aufzufassen als Verhältnis zwischen zu verbuchenden Recheneinheiten an Gold und effektiv

---

[39] Teilbarkeit, Erkennbarkeit, Transportfähigkeit, Homogenität, Abwesenheit von Verderbnis und Zerstörung: Auf solche für ein allgemeines Tauschmittel essentielle Eigenschaften hat bereits früh *Jevons* (1908) hingewiesen; vgl. dort S. 31.
[40] Dies bezieht sich auf die nachfolgend noch zu erläuternden Fälle des Kurantgelds und der Scheidemünzen.
[41] Dies bezieht sich auf den nachfolgend noch zu erläuternden Fall konvertibler Banknoten.

angebotenen bzw. nachgefragten bzw. letztendlich getauschten Goldeinheiten) beispielsweise einmal unter eins, könnten Geldnachfrager (die sich etwa durch einen Butterverkauf einen entsprechenden Anspruch erworben haben) mit dem Faktor $(1 - p_g)$ einen effektiven Geldüberschuss erwirtschaften, der ihnen selbst nach Abschluss ihres ursprünglichen Tauschvorhabens (komplettiert etwa durch begleitenden Margarinekauf) verbliebe. Für einen über eins liegenden Preis des Geldes p_g könnten demgegenüber Geldanbieter (die sich etwa durch Butterkauf eine entsprechende Verpflichtung auferlegt haben) mit dem Faktor $(p_g - 1)$ überschüssige Recheneinheiten erlangen, die ihnen auch nach Abschluss ihres ursprünglichen Tauschprojekts (komplettiert vielleicht durch begleitenden Margarineverkauf) zur Verfügung stünden. Die marktmäßige Verwendung dieser Überschüsse und die hierdurch standardmäßig induzierten Veränderungen der Absolutpreise können erst dann ein Ende finden, wenn sich der Absolutpreis des Geldes p_g auf dem Niveau eins eingependelt hat. Eine vollständige Flexibilität der ersten $n-1$ Absolutpreise des Preisvektors gewährleistet im Übrigen über die Bildung entsprechender Quotienten auch die flächendeckende Flexibilität aller $n \cdot (n-1)$ Relativpreise.

d)   Konzept des Geldmarktes, Kurantgeld

Ausgehend vom reinen walrasianischen Paradigma, das Geld als Tauschmittel wie gesehen nicht vorsieht, wenden entsprechend monetär angereicherte Analysen dessen charakteristisches Denken in Märkten häufig auch auf das allgemeine Tauschmittel an und gehen in der Konsequenz von einem Geldmarkt aus, an dem Geldnachfrage- und -angebotskurve einander begegnen. Fasst man beide Kurven in walrasianischer Tradition als Funktionen des zugehörigen Eigenpreises auf, stellt sich der Markt für ein auch als Recheneinheit dienendes Tauschgut wie in nachfolgender Abbildung 2 dar.

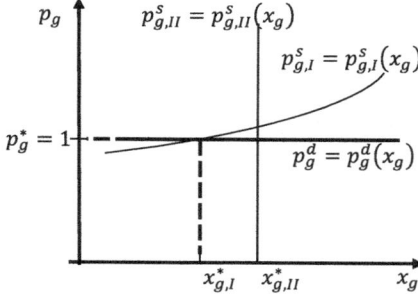

ABBILDUNG 2   *Markt für Kurantgeld*

Der Wertebereich der Geldnachfragekurve p_g^d ist hierbei aufgrund der obigen Null-Überschuss-Überlegung a priori auf die Menge mit dem Element eins reduziert, sodass sie zur Horizontalen und damit vollkommen elastisch wird. Die korrespondierende Fixierung des Absolutpreises des Geldes kann durchaus relativpreisneutral dargestellt werden, sodass alle $n \cdot (n-1)$ Relativpreise im System des indirekten Tauschs (welche in den Optimierungskalkülen ja weiterhin relevant sind) denen in der direkt tauschenden Ausgangssituation und damit den nutzen- bzw. gewinnmaximierenden Lösungen des walrasianischen Urproblems entsprechen. Der zugehörige Preisvektor kann in der Weise ermittelt werden, dass derjenige aus dem System des direkten Tauschs auch an den $n-1$ vorangehenden Positionen mit dem Skalar durchmultipliziert wird, der den Absolutpreis des Geldes (des Goldes) an der Stelle n auf eins stellt. Bei der Bildung entsprechender Relativpreise und damit Quotienten kürzt sich der Skalar dann stets wieder heraus.

Nun sei das Geldangebot näher betrachtet. Für das insofern hier zunächst thematisierte SZENARIO I resultiert die zugehörige Geldangebotskurve $p_{g,I}^s$ auch weiterhin aus einem klassischen Gewinnmaximierungskalkül – so, wie auch bei der Produktion der $n-1$ anderen Güter. Bei jedem der n Systemgüter mögen die Grenzkosten der Produktion ferner (durchweg eventuell auch erst nach Überschreiten eines interimistischen Minimums) einen steigenden Verlauf annehmen. Damit ergibt sich in Szenario I der steigende Verlauf der Geldangebotskurve, wie ihn $p_{g,I}^s$ in Abbildung 2 zum Ausdruck bringt. Welche Gleichgewichtsmenge $x_{g,I}^*$ an allgemeinem Tauschmittel bereitgestellt wird, hängt hier also entscheidend von den technischen Bedingungen seiner Produktion ab. Da auch der mit dieser Menge korrespondierende Gleichgewichtspreis p_g^* (eine Indexierung mit Blick auf das unterliegende Szenario erübrigt sich hier) rein marktmäßig bestimmt wird, deckt sich der Stoffwert des Geldes mit seinem Tauschwert (der zudem aufgrund der obigen Null-Überschuss-Überlegung mit dem eingeprägten Nominalwert und damit dem Betrag der an das System übermittelten Recheneinheiten zusammenfällt). Derart voll stoffwerthaltige Münzen bezeichnet man auch als Kurantgeld.[42]

SZENARIO II ist wie Szenario I durch einen hundertprozentigen Stoffwert des Geldes gekennzeichnet. Allerdings sind es jetzt keine an der Maximierung ihres individuellen Gewinns ausgerichtete und damit typischerweise privatrechtlich ausgestaltete Adressen mehr, die das Tauschgut bereitstellen; es ist dies vielmehr (wie in der Geschichte des Kurantgelds ganz überwiegend der Fall) der Staat. Für eine solch hoheitliche Bereitstellung spricht ja alleine schon, dass eine öffentlich-rechtliche Institution die Erkennbarkeit des Geldes viel eher durch Münzprägung und strafsanktioniertes Fälschungsverbot vom Niveau des zeitintensiven Testens auf das einer spontanen Reaktion heben kann. Zudem hat der Staat an einem solch unvermittelten und vertrauensvollen Erkennen im Gegensatz zu privatwirtschaftlichen Adressen auch ein ureigenes ordnungspolitisches Interesse, sobald er sich für die Tauschwirtschaft, genauer gesagt deren indirekte Variante, entschieden hat. Denn Geld ist dann ja Bestandteil eines jeden Tauschvertrags. Die bei staatlicher Bereitstellung zudem naheliegende Loslösung vom alleinigen Gewinnmaximierungsziel legt für die Geldangebotskurve in Szenario II den senkrechten, also vollständig preisunelastischen Verlauf nahe, wie ihn $p_{g,II}^s$ in Abbildung 2 zum Ausdruck bringt. Entsprechend kann die hier dann wirtschaftspolitisch bestimmte Gleichgewichtsmenge $x_{g,II}^*$ systematisch von ihrem Pendant in Szenario I abweichen und es zum Beispiel wie in Abbildung 2 signifikant übersteigen. Was den Gleichgewichtspreis des Geldes p_g^* betrifft, bleibt es hingegen aufgrund der obigen, nachfrageseitigen Null-Überschuss-Überlegung beim Niveau eins.

e) Konvertible Banknoten

Bisher wurden als allgemeines Tauschmittel nur marktgängige Güter in Betracht gezogen (Brot, Butter, Margarine oder Gold). Hierdurch wurde einstweilen die Sachverhaltsgestal-

---

[42] *Kath* (1992), S. 179.

tung gedanklich aufgespart, dass der Übergang zum System des indirekten Tauschs auch zur Schaffung von Tauschmedien eigener Art führen könnte. Sollte ein solches Medium im Vergleich zum letztendlich konkurrierenden Tauschgut (Gold) ein attraktives Eigenschafts-profil im obigen Sinne aufweisen, hätte es bereits eine entscheidende Hürde auf dem Weg zu seiner systemweiten Etablierung genommen. Mit Blickrichtung entlang der Geldgeschichte ist in dieser Hinsicht zunächst einmal an konvertible, also eine jederzeitige und nominalwertgleiche Einlösbarkeit (in Gold) auslobende Banknoten[43] zu denken, wie sie zunächst von privaten und dann zunehmend von staatlichen Stellen ausgegeben wurden. Im Vergleich zum Kurantgeld weisen diese konvertiblen Banknoten drei entscheidende Eigenschaftsvorzüge auf:

- Zum ersten sind sie durch geeignete VARIATION DES AUFGEDRUCKTEN NOMINALWERTS (welcher auch hier der Summe der an das System übermittelten Recheneinheiten und dem Tauschwert entspricht) im übertragenen Sinne annähernd beliebig „teilbar".

- Zum zweiten weisen sie aufgrund ihres überaus GERINGEN GEWICHTS eine nochmals deutlich gesteigerte Transportfähigkeit auf.

- Und zum dritten sind sie sogar VOLLSTÄNDIG HOMOGEN, während Tauschgüter doch immer noch letzte Qualitätsunterschiede (Feingehalt des Goldes in Karat) aufweisen können.

Durch anspruchsvolle Drucktechnik und strafsanktioniertes Fälschungsverbot lässt sich die Erkennbarkeit von Banknoten zudem bei gleichwohl immer noch annähernd vernachlässigbaren Grenzkosten ihres Drucks in etwa auf das Niveau beim Kurantgeld heben, auch wenn sie zugegebenermaßen zum Beispiel durch Feuer (ganz im Gegensatz zu Gold) leicht zerstörbar sind. Ausgesprochen interessant sind konvertible Banknoten im Übrigen hinsichtlich ihres Knappheitsgrades: Eine vollständige Verlässlichkeit des Einlösungsversprechens vorausgesetzt, machten sie für die ausgebende Stelle ja an sich eine nominalwertgleiche Bevorratung von Einlösungsmittel (Gold) erforderlich. Tatsächlich aber war das Aktiv-Passiv-Management der Notenbanken spätestens seit *Law* durch eine Unterdeckung (mit Gold) gekennzeichnet[44], da man in ruhigen, nicht gerade durch einen Bank

---

[43] Vgl. *Kath* (1992), S. 179.
[44] Vgl. *Samhaber* (1941).

Run gekennzeichneten Zeiten verlässlich davon ausgehen kann, dass keinesfalls alle Noteninhaber zeitgleich ihre Papiere zur Einlösung präsentieren werden. So wird auch ein Münzgewinn möglich, der gerade der Unterdeckung, also der Differenz zwischen Nominalwert und Wert des vorgehaltenen Deckungsmittels, entspricht. Dieser so genannte Seigniorage[45] für die ausgebende Stelle dürfte entscheidend zur Verbreitung konvertibler Banknoten beigetragen haben. Hiermit korrespondiert der Befund, dass sich durch den Münzgewinn die Grenzkosten der Geldherstellung, hier aufzufassen als summierte Grenzkosten des Notendrucks und der erforderlichen Bedeckung, signifikant reduzieren lassen. Bei im Stile des obigen Szenarios I privatwirtschaftlich-gewinnorientiert ausgerichteter Geldbereitstellung wäre die Geldangebotskurve also entsprechend nach rechts zu verschieben.

Nimmt man nun gedanklich einmal eine derart konvertible Banknote zur Hand, wird jedoch offensichtlich, dass sie als solche keine intrinsisch nutzenstiftende Wirkung durch Nährwert (Brot, Butter oder Margarine), Schmuckfähigkeit (Gold) oder ähnliches mehr haben kann. Und da viele an sich konvertible Banknoten tatsächlich nie mehr bei der ausgebenden Stelle zur Einlösung präsentiert wurden, überzeugt auch ein Verweis auf die nutzenstiftende Wirkung des Einlösungsmittels an dieser Stelle nicht wirklich. Ab der monetären Entwicklungsstufe der konvertiblen Banknote muss man deshalb fragen, ob sich das Phänomen der Geldhaltung durch rational entscheidende Wirtschaftssubjekte überhaupt noch aus einem konventionellen Nutzenmaximierungskalkül ableiten lässt, das ja originär auf Güter und deren nährende, schmückende oder ähnliche Eigenschaften zugeschnitten ist. Wenn aber ein solches neoklassisches Optimierungskalkül schon zweifelhaft wird, stellt sich erst recht die Frage, ob das Konzept einer Geldnachfrage(-kurve) für konvertible Banknoten (und auch für das nachfolgend noch zu beschreibende Fiat Money) noch einen Sinn macht. In dieser Untersuchung jedenfalls werden beide Fragen verneinend beantwortet. Auf das Konzept eines eigenen Geldmarkts wird mithin verzichtet, insbesondere in ihrem <u>Teil II</u>. Vielmehr wird das Phänomen der Geldhaltung in ihrem <u>Teil III</u> außerhalb der Marktarchitektur und des zugehörigen Betrachtungszeitraums anhand eines externen Optimierungskalküls entscheidungstheoretisch fundiert – was Interdependenzen mit den konventionellen Optimierungskalkülen von Haushalten und Unternehmen innerhalb der Architektur, also in <u>Teil II</u>, jedoch keineswegs ausschließt.

---

[45] Vgl. *Dornbusch/Fischer* (1993), S. 2.

Neben dieser Verlagerung in das externe monetäre Kalkül werden der Verzicht auf einen eigenen Geldmarkt und die gleichwohl persistente Verwendung von Geld als allgemeines Tauschmittel noch durch eine weitere methodische Variation miteinander kompatibel gemacht. Innerhalb der Marktarchitektur, also in <u>Teil II</u>, wird nämlich auf die walrasianische Einzelkonzeption des Marktes (bei der die Tauschobjekte eigenmarktbezogen ja auch eher „übergeben" als komplett „getauscht" werden) verzichtet. An den betroffenen Märkten wird vielmehr nun stets „gegen Geld" getauscht. Hat man dabei erst einmal die zugehörige Restriktion, dass sich der Tausch indirekt unter Verwendung von Geld abspielt, a priori und flächendeckend verhängt, ist diese synallagmatische Marktkonzeption auch bei relativ geringer Marktanzahl darstellbar. Durch die Schaffung konvertibler Banknoten gibt es ja zum aktuellen Stand $n+1$ Tauschobjekte: Wie bisher sind dies die n Güter, wobei das n-te Gut (Gold) jedoch nicht mehr als Geld fungiert; hinzu kommen die konvertiblen Banknoten als $(n+1)$-te Position. Das Geld ist im Vektor der Tauschobjekte also nun um eine Position aufgerückt. Zum aktuellen Stand (und damit vor späterer Erweiterung um Finanz- und Terminmärkte) umfasst diese synallagmatische Marktarchitektur damit n Märkte, an denen jeweils ein bestimmtes der n Güter gegen Geld getauscht wird. Gemäß Abschätzung (2) ist diese Anzahl für $n>3$ kleiner als die Größe $[n \cdot (n-1)]/2$, welche sich bei walrasianischer Einzelkonzeption von Märkten ergibt. Die Erweiterung des Vektors der Tauschobjekte um die konvertiblen Banknoten und der Verzicht auf den Geldmarkt heben sich insofern also exakt auf.

f) Fiat Money

Weder Kurantgeld noch konvertible Banknoten stehen heute noch für praxisrelevante Erscheinungsformen von Geld. Gebräuchlich geworden sind mittlerweile vielmehr andere, und zwar zunächst einmal so genannte Scheidemünzen[46], die durch einen Stoffwert gekennzeichnet sind, der zwar noch nicht vernachlässigbar gering ist, gleichwohl aber schon deutlich unter ihrem Tauschwert liegt. (Aufgrund der obigen Null-Überschuss-Überlegung ist der Tauschwert der Scheidemünzen aber wiederum gleich dem in sie eingeprägten Nominalwert und damit dem Betrag der an das System übermittelten Recheneinheiten.) Sofern es nicht gerade zur monetären Anarchie wie etwa in der Schwarzmarktperiode in Deutschland nach dem Zweiten Weltkrieg kommt (vor allem Zigaretten der alliierten Be-

---

[46] Vgl. *Kath* (1992), S. 179.

satzungstruppen hatten damals die übermäßig in Umlauf gebrachte Reichsmark als Tauschmittel weitestgehend verdrängt, obwohl sie bis zur Währungsreform im Jahre 1948 immer noch als gesetzliches Zahlungsmittel galt), gelingt es dem Staat im Standardfall, einen solchen, den Stoffwert überschießenden Tauschwert durch eine Vertrauen schaffende Geldpolitik, insbesondere durch einen Verzicht auf exzessives Geldmengenwachstum, durchzusetzen.[47] Rechtliche Instrumente wie das bereits von den konvertiblen Banknoten her bekannte, sanktionsbewehrte Fälschungsverbot und ein gesetzlicher Annahmezwang können flankierend wirken. Gemessen am monetären Gesamtumlauf sind Scheidemünzen jedoch von ziemlich geringer Bedeutung, sodass in dieser Untersuchung auf eine vertiefte theoretische Betrachtung derselben ebenso verzichtet wird wie auf eine des Buchgeldes[48]. Nachfolgend wird vielmehr auf Fiat Money abgestellt, das mit Blickrichtung entlang der Geldgeschichte als in besonderer Weise ausentwickelte Form des Bargeldes bezeichnet werden kann.

Fiat Money[49] stellt zudem heute die gemessen am Gesamtumlauf bedeutendste Erscheinungsform des Geldes dar. Auch bei diesem handelt es sich um aus Papier gefertigte Banknoten, die jedoch im Gegensatz zu ihren konvertiblen Counterparts keinerlei Einlösungsverpflichtung seitens der ausgebenden Stelle mehr vorsehen und deshalb faktisch, also unter Vernachlässigung ihres geringfügigen Papierwertes, stoffwertlos sind. Der Tauschwert von Fiat Money, der aufgrund der obigen Null-Überschuss-Überlegung erneut gleich seinem Nominalwert und dem Betrag der von ihm an das System übermittelten Recheneinheiten sein muss, ist also faktisch überhaupt nicht mehr durch Stoffwert gedeckt. Auch jeder zusätzliche dieser papiernen Zettel lässt sich deshalb zu Grenzkosten von annähernd null her- und bereitstellen. Es liegt auf der Hand, dass er als solcher noch viel weniger einen Grenznutzen stiften kann als seine konvertible Urform. Ähnlich wie bei Scheidemünzen bedarf die Etablierung von Fiat Money als allgemein akzeptiertes Tauschmittel deshalb einer Vertrauen schaffenden Geldpolitik, die auch in diesem nun gänzlich stoffwertlosen Fall durch strafsanktioniertes Fälschungsverbot und Annahmezwang flankiert werden kann und wird. Rechtlich handelt es sich im Übrigen bei zur

---

[47] Es wäre eigentlich schlüssiger, vom „Geldbetrag" als von der „Geldmenge" zu sprechen. Die hergebrachten Begrifflichkeiten haben sich jedoch flächendeckend so stark etabliert, dass jeder alternative Sprachgebrauch für das Ohr des Ökonomen hier recht ungewöhnlich klingen dürfte; vgl. etwa *Friedman* (1969), S. 4.
[48] Vgl. *Kath* (1992), S. 179.
[49] Vgl. *Kamiya/Shimizu* (2013).

Konvertierung nicht mehr fähigen Noten nicht mehr wie bei ihrer konvertiblen Urform um Wertpapiere, sondern lediglich noch um Wertzeichen.[50] Auch ein Gut im ursprünglichen walrasianischen Sinne[51] bzw. ein Tauschgut in von dort monetär fortgeführter Denkweise stellt Fiat Money wiederum nicht dar, da es ähnlich wie konvertible Banknoten und Scheidemünzen keinen Nutzen im Sinne von Nährwert, Schmuckfähigkeit oder ähnlichem stiftet.

Tatsächlich aber rekurrieren entsprechend monetär angereicherte Variationen der neoklassischen Nationalökonomie[52] ebenso wie die keynesianische Makroökonomie[53] gerade für Fiat Money, also stoffwertloses Geld, auf das Konzept eines Geldmarkts, obwohl hier bezogen auf seinen Eigenpreis nicht mehr nur (wie schon bei den konvertiblen Banknoten) die Geldnachfragekurve mangels Nutzen im konventionellen Sinne einen degenerierten Verlauf annimmt. Vielmehr degeneriert beim Fiat Money auch die Geldangebotskurve in eklatanter Weise, da sich dieses stoffwertlose Tauschmittel zu Grenzkosten von annähernd null bereitstellen lässt. Alleine schon zur gedanklichen Untermauerung des in diesem Werk unterbreiteten Alternativkonzepts stellt sich deshalb die Frage, welche Absicht dieser geldmarktorientierten Vorgehensweise unterliegen könnte. Warum etwa übernimmt in der keynesianischen Makroökonomie in offensichtlicher Durchbrechung der walrasianischen Systematik, dass jeder Markt primär von seinem Eigenpreis angetrieben wird, der an sich der Finanzsphäre zuzuordnende Zins die nicht unerhebliche Zusatzaufgabe, auch am Geldmarkt für einen Ausgleich von Angebot und Nachfrage zu sorgen? (Im so genannten IS-LM-Modell, also dem Versuch einer graphischen Darstellung der keynesianischen Makroökonomie, wird dies anhand der LM-Kurve besonders deutlich: Diese stellt bekanntlich den geometrischen Ort aller Kombinationen von Zins und Einkommen dar, für die der Geldmarkt im Gleichgewicht ist.[54]) Die Antwort auf solche Fragen dürfte eng mit dem so genannten Endpunktproblem[55] verknüpft sein. Die Geldhaltung durch rational handelnde Wirtschaftssubjekte bedarf einer beruhigenden Verstetigung, wenn ansonsten alle diese „heiße Kartoffel" schnellstmöglich wieder zugunsten originär nutzen- bzw. ge-

---

[50] Vgl. *Hahn* (1990), § 9, Rn. 25.
[51] Vgl. *Walras* (1874-1926/1988), S. 45.
[52] Vgl. *Wicksell* (1898/1997), S. 22.
[53] Vgl. *Keynes* (1936), S. 165-174.
[54] Vgl. *Hicks* (1937), S. 153.
[55] Vgl. *Lim/Prescott/Sunder* (1994), S. 256; zum ersten Mal beschrieben hat das Problem wohl *Samuelson* (1958), S. 467.

winnstiftender und damit echt nachfragefähiger Güter abstoßen wollten. Zum Zwecke einer solchen Verstetigung werden dem Geld im Stile von Transaktions-, Vorsichts- und Spekulationsmotiv[56] nutzenstiftende Eigenschaften sui generis zugesprochen, wobei Geld gleichwohl zum Rivalen für andere, im konventionellen Sinne nutzen- bzw. gewinnstiftende Güter wird. Die resultierende Knappheit eines Tauschobjekts, das an sich weitest gehend kostenfrei und damit in beliebigen Beträgen herstellbar ist und von daher sogar – um das berühmte Beispiel einzuflechten – vom „Hubschrauber"[57] aus auf die Wirtschaftssubjekte abgeworfen werden könnte, bleibt bis heute mysteriös.

Diese insofern wie bereits erwähnt andere Wege beschreitende Schrift rekurriert in ihren beiden noch folgenden Teilen im Übrigen methodisch auch auf Grundelemente eines tauschsystematisierten walrasianischen Paradigmas, die zuvor nun in Kapitel 3 bereitgestellt werden.

3. Grundelemente eines tauschsystematisierten walrasianischen Paradigmas

3.1 Zeitliche Grundmuster des Tauschs

Der bei *Walras* für Tauschvorgänge alleine zur Verfügung stehende Zeitpunkt sei mit dem Attribut „früh" belegt. Der Tausch werde nun aber durch Verträge[58] ordnungspolitisch flankiert. Es ist klar, dass dann einstweilen sowohl der Vertragsabschluss als auch die Erbringung der Leistung als auch die Erbringung der Gegenleistung „früh", das heißt in dieser einen logischen Modellsekunde erfolgen müssen. Solche so genannten Kassatransaktionen sind im Wirtschaftsleben etwa an der Kasse eines Discounters zumindest näherungsweise auch durchaus zu beobachten, sie stellen andererseits aber nicht die wirtschaftspraktisch einzige Gestaltungsvariante dar.

Stellt man deshalb in einem zweiten Schritt dem walrasianischen frühen Zeitpunkt nur schon einen späten zur Seite, ergeben sich gleich drei weitere zeitliche Grundmuster für den Tausch. Dies gilt zunächst einmal für Finanzierungstransaktionen, bei denen der Ver-

---

[56] Vgl. *Keynes* (1936), S. 194-209.
[57] *Friedman* (1969), S. 4.
[58] Vgl. *Edgeworth* (1881/1994), S. 20.

tragsabschluss und die Erbringung der Vorleistung früh erfolgen, die Erbringung der Gegenleistung hingegen spät. Obwohl in diesen auch ein Repräsentant für komplexere realtypische Finanztransaktionen wie Kredite, Anleihen und Unternehmensanteile gesehen werden kann (deren exakte modellmäßige Abbildung allerdings regelmäßig eine noch komplexere Struktur der Zeit erforderlich machen würde), findet man selbst diese minimalistische Zwei-Zeitpunkt-Form des Finanzierungsvertrags bereits in der Praxis, etwa in Gestalt des Zerobonds. Weiterhin eröffnet der späte Zeitpunkt die Möglichkeit von Termintransaktionen. Die zugehörigen Verträge einschließlich Tauschverhältnis werden zwar bereits früh fixiert, der tatsächliche Austausch von Leistung und Gegenleistung erfolgt bei diesen aber vollumfänglich erst spät. Kauft ein Unternehmen etwa Rohstoffe auf Termin, kann in der Absicherung des Tauschverhältnisses qua Terminpreis das zentrale Motiv liegen. Bei erst spät abgeschlossenen Kassatransaktionen wäre dieses Tauschverhältnis hingegen früh mit allen daraus resultierenden Chancen und Risiken noch in der Schwebe. Zusammenfassend lassen sich damit die vier in dieser einfachen Zwei-Zeitpunkt-Modellierung möglichen zeitlichen Grundmuster des Tauschs[59] folgendermaßen zum Ausdruck bringen:

- Ein FRÜHER KASSAVERTRAG wird früh abgeschlossen und noch im gleichen Zeitpunkt durch die Erbringung von Leistung und Gegenleistung vollständig erfüllt.
- Ein FINANZIERUNGSVERTRAG wird früh abgeschlossen und noch im gleichen Zeitpunkt durch die Erbringung der Vorleistung teilerfüllt. Erst die späte Erbringung der Gegenleistung führt jedoch zur vollständigen Erfüllung des Vertrages.
- Ein TERMINVERTRAG wird früh abgeschlossen. Der Austausch von Leistung und Gegenleistung hingegen erfolgt zur Gänze spät.
- Ein SPÄTER KASSAVERTRAG wird spät abgeschlossen und noch im gleichen Zeitpunkt durch die Erbringung von Leistung und Gegenleistung vollständig erfüllt.

Abbildung 3 veranschaulicht diese vier Muster:

---

[59] Vgl. *Kaiser* (2011a), S. 14.

	Früh	Spät
Kassavertrag	(früher Kassavertrag) Vertragsabschluss Leistung Gegenleistung	(später Kassavertrag) Vertragsabschluss Leistung Gegenleistung
Finanzierungs- vertrag	Vertragsabschluss Vorleistung	Gegenleistung
Terminvertrag	Vertragsabschluss	Leistung Gegenleistung

ABBILDUNG 3   *Zeitliche Grundmuster des Tauschs*

In Sinne dieser Systematik steht das Walrasianische Paradigma also für ein reines, und zwar frühes Kassamodell des allgemeinen Gleichgewichts.[60] (Ein spätes Kassamodell wäre ja grundsätzlich auf das vorangegangene frühe bedingt.) Entsprechend rückt nun ein allgemeines Gleichgewicht in den Fokus, das für alle in diesem Zwei-Zeitpunkt-Modell möglichen Tauschschemata offen ist. Es wird hier als multiples Tauschgleichgewicht bezeichnet werden. Dabei ergibt sich für Verträge mit „Zeitmoment"[61] – das heißt für Verträge, bei denen zwischen (frühem) Vertragsabschluss und (später) endgültiger Erfüllung ein Zeitraum liegt (und damit: für Finanzierungs- und für Terminverträge) – ein Sonderproblem aus der Unsicherheit, die diese zeitliche Entwicklung generiert. Im Fall des Finanzierungsvertrages wird durch sie die für den späten Zeitpunkt versprochene Gegenleistung stochastisch, im Fall des Terminvertrages sogar das Gesamtpaket aus Leistung und Gegenleistung. In dieser Situation erweist sich das flankierende ordnungspolitische Paradigma abermals als inspirierend. Denn die Rechtsordnung als solche und von ihr geschützte vertragliche Zusatz- und Nebenabsprachen, so genannte Covenants, können gerade klären, wie im Fall einer von den Erwartungen abweichenden (Gegen-)Leistung zu verfahren ist. Bei Finanzierungsverträgen etwa könnte ein Split in Eigen- und Fremdfinanzierung vorgesehen werden, wobei der Erwartungswert der gewinnabhängig verabredeten Ausschüttungen einschließlich Liquidationserlös auf die Eigenfinanzierung zum Risikoausgleich regelmäßig höher liegen wird als der entsprechende Erwartungswert der vertraglich fixierten Zins- und Tilgungszahlungen auf die Fremdfinanzierung. Im Fall von Terminver-

---

[60] *Hicks* (1939), S. 140: „pure ‚Spot Economy'".
[61] *Rosenstein-Rodan* (1930), S. 139.

trägen würde es sich demgegenüber etwa anbieten, nur das sichere Minimum der spät zur Verfügung stehenden Güter zu ihrem Gegenstand zu machen, während die insofern mit Risiko behafteten Überschüsse späten Kassaverträgen anvertraut werden. Alternativ könnte aber auch daran gedacht werden, mögliche Differenzen zwischen kontrahierter und realisierter Menge im ordnungspolitischen Rahmen oder in den vertraglichen Covenants durch prozentuale Auf- und Abschläge auf die ursprünglich kontrahierte Menge zu regeln.

Tauschvertragliche Systematisierungsmöglichkeiten ergeben sich aber nicht nur im Hinblick auf die zeitliche Strukturierung des Geschehens. Auch für die Verwendung des allgemeinen Tauschmittels Geld lassen sich unterschiedliche Muster abschichten.

3.2 Geldverwendungsmuster des Tauschs

In der Modellwelt des reinen walrasianischen Paradigmas wird wie gesehen alleine direkt nach dem Schema „Gut gegen Gut" getauscht. Dieser im Hinblick auf die Geldverwendung singuläre Grenzfall sei nun als Geldverwendungsmuster 0 bezeichnet. Wird Geld hingegen wirklich in die Modellwelt integriert, folgen die Tauschvorgänge zunächst einmal dem Schema „Gut gegen Geld".[62] Dies sei das Geldverwendungsmuster I. Hierfür können erneut beim Discounter abgeschlossene Kassaverträge als Praxisbeispiel angeführt werden. Berücksichtigt man sodann den zweiten, also späten Modellzeitpunkt, werden wie soeben beschrieben Termin-, Finanzierungs- und späte Kassaverträge zusätzlich möglich. In der Wirtschaftspraxis folgen Termin- und späte Kassaverträge in ihrer einfachsten Ausgestaltungsform ebenfalls dem Geldverwendungsmuster I. Anders verhält es sich jedoch mit den Finanzierungsverträgen. Ob man bei diesen nun auf simplen Kredit, Anleihen (einschließlich Staatsanleihen, Zerobonds etc.) oder Unternehmensanteile (insbesondere Aktien) abstellt – sie folgen in ihrer originären Ausgestaltungsform doch alle dem Schema „Geld gegen Geld". Dies sei das Geldverwendungsmuster II. Für die im Zwei-Zeitpunkt-Modell möglichen Geldverwendungsmuster ergibt sich damit folgender Zwischenstand[63]:

o Beim GELDVERWENDUNGSMUSTER 0 (GVM0) folgen die zugehörigen Tauschverträge dem Schema „Gut gegen Gut".

---

[62] Sollte es sich bei diesem Geld wie im Falle des Kurantgelds doch noch einmal um ein Gut handeln, möge insofern die Bezeichnung „Geld" von nun an der Bezeichnung „Gut" vorgehen.
[63] Vgl. *Kaiser* (2011a), S. 25.

- Im Falle des GELDVERWENDUNGSMUSTERS I (GVMI) lautet das Schema der zugehörigen Tauschverträge „Gut gegen Geld".
- Folgen die zugehörigen Tauschverträge dem Schema „Geld gegen Geld", so liegt das GELDVERWENDUNGSMUSTER II (GVMII) vor.

Reichert man das bis hierhin betrachtete, von früh bis spät reichende Zeitfenster nun noch um einen (allerdings ganz speziellen, das heißt alleine für die gleich im Anschluss erläuterte „Kopplung" geöffneten) Zwischen-Zeitpunkt an, so sind die tauschvertraglichen Gestaltungsmöglichkeiten in Bezug auf die Geldverwendung mit den Geldverwendungsmustern 0 bis II noch nicht erschöpft. Bei Finanzierungs- und Terminverträgen tritt ja das Zeitmoment zwischen frühen Vertragsabschluss und späte endgültige Erfüllung. Ordnet man nun den Vertragsabschluss, die Erbringung der (Vor-)Leistung und die Erbringung der Gegenleistung einem gedanklichen Primärmarkt zu, eröffnet ebendieses Zeitmoment die Möglichkeit, in der Zwischenzeit den Vertrag selbst (oder, wenn man so will, den von ihm verbliebenen „Rest") zum Gegenstand eines weiteren Tauschvorgangs zu machen, der gedanklich dem Sekundärmarkt zuzuordnen ist, an dem wiederum originär gegen Geld getauscht wird. Hieraus ergibt sich das Schema „Tauschvertrag gegen Geld". Im Falle einer solchen Kopplung von Tauschverträgen liege das Geldverwendungsmuster III vor:

- Beim Geldverwendungsmuster III (GVMIII) folgen die zugehörigen Tauschverträge dem Schema „Tauschvertrag gegen Geld".

4. Erste Anwendungsmöglichkeiten eines tauschsystematisierten walrasianischen Paradigmas

4.1 Verkehrsgleichung

Eine der intuitiv plausibelsten ökonomischen Basisrelationen ist die Verkehrsgleichung.[64] Einer argumentativ vorbereitenden Theoriebildung (etwa zwecks Ableitung von Angebots- und Nachfragefunktionen aus Optimierungskalkülen) bedarf sie – im Unterschied beispielsweise zu Modellen des allgemeinen Gleichgewichts – nicht. Für ein geschlossenes, flächendeckend Güter mit Hilfe von Geld tauschendes ökonomisches System stellt sie

---

[64] Vgl. *Newcomb* (1886/1966), S. 315.

vielmehr im Stile einer schieren buchhalterischen Doppelerfassung die resultierenden Geld- und Güterumsätze einander gegenüber. In einer weit verbreiteten Version lautet sie wie folgt:

(4) $\quad M \cdot V = P \cdot Q$

Hierbei steht M für den systemweit zur Verfügung stehenden Betrag an Geld, V für dessen durchschnittliche Umlaufgeschwindigkeit. Q repräsentiert den Vektor der getauschten Güter, P den Vektor der zu jedem dieser Güter jeweils gehörenden Absolut- oder Geldpreise. Die rechte Seite der Gleichung erfasst damit den Geldwert aller getauschten Güter, die linke den kumulierten Umschlagswert des in diesem Zusammenhang getauschten Geldes. Da bei dieser Fassung der Verkehrsgleichung unterstellt wird, dass Tausch alleine nach dem Schema Gut gegen Geld (GVMI) abläuft, müssen das linke Produkt und das rechte Vektorprodukt notgedrungen gleich sein. Damit aber bleibt die Verkehrsgleichung in der Theoriewelt des Walrasianischen Paradigmas, in der ja alleine nach dem Geldverwendungsmuster 0, also Gut gegen Gut, getauscht wird, eine empirisch leere mathematische Hülse. Mit dem ursprünglich wie in Gleichung (4) für sie vorgesehenen Erklärungsgehalt wird die Verkehrsgleichung vielmehr erst dann gefüllt, wenn man im Gesamtrahmen des tauschsystematisierten walrasianischen Paradigmas auf den Fall des reinen (und zwar frühen) Kassatauschs bei ausschließlichem Wirksamwerden von Geldverwendungsmuster I fokussiert. Diese Feststellung vermag nicht nur der Klarstellung zu dienen, sondern auch der Öffnung für Anschlussüberlegungen, etwa bezüglich der so genannten Financial Assets.

4.2 Financial Assets

Der Münzgewinn aus der Ausgabe von stoffwertarmen Scheidemünzen oder sogar gänzlich stoffwertlosem Fiat Money kann auf staatlicher Seite insbesondere eine öffentliche Güternachfrage finanzieren. Geht der Fiskus stattdessen klassische Staatsschulden ein, welche im Gegensatz zu Geld verzinslich sind, eine ex ante festgelegte Laufzeit aufweisen und nach Ende derselben getilgt werden, lässt sich ebenfalls ein Finanzierungseffekt dieser Art erzielen. Im obigen, tauschsystematisierten Sinne handelt es sich bei solchen Staatsanleihen um Finanzierungsverträge: Die Vorleistung in Form des an den Staat gehenden Emissionserlöses und die Gegenleistung in Form von Zins- und Tilgungszahlungen fallen ja zeitlich auseinander. Eigentlich machte die modelltheoretische Abbildung dieser Tauschverträge deshalb neben dem für das reine walrasianische Paradigma charakteristischen frühen Zeitpunkt noch einen späten und das zusätzliche Wirksamwerden des Geldverwendungsmusters II erforderlich. In der Folge wäre in Verkehrsgleichung (4) zusätzlich zum güterwirtschaftlich auch ein finanzwirtschaftlich angetriebener Umsatz des Geldes zu berücksichtigen.[65] Die tatsächlich gewählte Vorgehensweise ist jedoch häufig eine andere. Bei dieser wird der „Güter"-Vektor Q nicht nur um stoffwertarmes oder -loses Geld erweitert, sondern um noch weitere „Financial Assets"[66], sodass er Dimensionen annimmt, die $n+1$ sogar übersteigen. Auf den ersten Blick erscheint es nun allerdings gleichwertig, Finanzierungsverträge in einem tauschsystematisierten Modell als Verträge sui generis zu erfassen oder Financial Assets in ein reines Kassamodell aufzunehmen, das sich vom reinen walrasianischen Paradigma bis dahin nur durch die Integration von Geld als $n+1$-te Position unterschieden hat. Denn in beiden Fällen wird ja dem Umstand Rechnung getragen, dass es neben der güterwirtschaftlichen auch eine finanzielle Sphäre gibt. Im Hinblick auf geldpolitische Implikationen birgt die Herangehensweise über Financial Assets jedoch die erhebliche Gefahr eines Fehlschlusses. Denn durch eine Politik des Easy Money gegebenenfalls induzierte Preisänderungen, insbesondere -erhöhungen, können sich bei einem entsprechend in seiner Dimension aufgebohrten Vektor Q gleichermaßen auf Güter wie auch auf Financial Assets beziehen. Inflation und ein Anstieg von Wertpapierpreisen sind jedoch gänzlich unterschiedliche Phänomene, die sich bei einer entsprechend tauschsystematisierten Herangehensweise vom Start weg differenzieren, formalisieren und analysieren lassen.

4.3 Market for Corporate Control

Für Erweiterungen des Gütervektors im Stile der Financial Assets gibt es in der Wirtschaftswissenschaft noch weitere Beispiele. Und die soeben für die Financial Assets geäußerten Bedenken lassen sich auf letztere oft sinngemäß übertragen. Zu denken ist etwa an die Kontrolle über Unternehmen, für die in den 1960er Jahren auch ein zugehöriger

---

[65] Vgl. *Kaiser* (2011b), S. 499.
[66] Vgl. *Friedman* (1987), S. 4; dort allerdings „securities".

Markt ausgemacht wurde, der so genannte Market for Corporate Control.[67] Dessen rein partialanalytische Betrachtung ist zunächst einmal ein markantes Beispiel für eine in der Wirtschaftstheorie seit langem festzustellende Abkehr von der Totalanalyse. Tatsächlich handelt es sich zudem bei den am Markt für Unternehmenskontrolle in Bezug genommen Verfügungsrechten über Unternehmensvermögen um Ausstattungsmerkmale bestimmter Finanzierungsverträge und nicht etwa um ein eigenständiges Gut[68]: Insbesondere Eigenfinanziers haben nämlich typischerweise das Recht, die Politik der von ihnen finanzierten Unternehmen zu bestimmen (direktes Verfügungsrecht) oder zumindest doch den Personenkreis festzulegen, der solche Entscheidungen trifft (indirektes Verfügungsrecht). Derartige Unternehmenskontrolle ist also Teil eines Gesamtpakets von Ausstattungsmerkmalen bestimmter Finanzierungsverträge, die am Primärmarkt generiert und gegebenenfalls am Sekundärmarkt zwischengehandelt werden. Transaktionen an diesen Märkten brauchen im Übrigen noch nicht einmal kontrollgetrieben zu sein: Die Deckung von vorübergehendem Geldbedarf bzw. das Parken monetärer Überschüsse für einen bestimmten Zeitraum können als Motiv für Finanzmarktaktivitäten bereits vollkommen ausreichen.

4.4 Kapitalbegriff

Sieht man – nur zur Straffung der Darstellung – einmal von mehrstufigen Prozessen und damit vom Anfall von Zwischenprodukten ab, steht die bereits erwähnte ökonomische Grundaktivität der Produktion für die unmittelbare Umwandlung von Produktionsfaktoren in Konsumgüter. Die Konsumgüter werden üblicherweise in physische, also stoffliche Waren und unstoffliche Dienstleistungen unterschieden. Die für die Produktionsfaktoren ursprünglich, das heißt durch die klassische Nationalökonomie vorgeschlagene Dreiteilung in Boden, Kapital und Arbeit intendierte die Erklärung der Einkommensverteilung in der spätfeudalen und frühindustrialisierten Gesellschaft, die sich mit Adel, Bourgeoisie und Arbeiterschaft ja ebenfalls in drei Klassen auffächerte. Auf dem Weg zur Neoklassik und damit zu neuen Methoden (insbesondere der Anwendung der Mathematik) wie auch Erklärungszielen (beispielsweise den Fragen nach Existenz, Eindeutigkeit und Stabilität von allgemeinen Gleichgewichten) wurde es hiernach zunehmend üblich, Kapital im klas-

---

[67] Vgl. *Manne* (1965).
[68] Vgl. *Kaiser* (1994), S. 37.

sisch-engeren Sinne und Boden zu Kapital im weiteren Sinne zu blocken. Spätestens hier stellt sich aus wissenschaftlicher Perspektive jedoch die Frage, ob man den Kapitalinput in die Produktion modelltheoretisch noch als homogen unterstellen kann (so vor allem die Sichtweise von auch weiterhin neoklassischen Ökonomen wie *Samuelson* und *Solow* in Cambridge/Massachusetts) oder nunmehr heterogen zu modellieren hat (dies vornehmlich die Position von Wissenschaftlern um *Sraffa* und *Robinson* im englischen Cambridge, die man gruppiert auch als postricardianisch oder postkeynesianisch bezeichnen könnte). Der resultierende Disput, die sogenannte Cambridge Capital Controversy, stand entsprechend in den 1950er und 1960er Jahren an exponierter Stelle auf der Tagesordnung der wirtschaftswissenschaftlichen Forschung. Damals letztlich ungelöst, scheint er heute eine Renaissance zu erleben.[69] Unabhängig davon, wie man diese bilanziell letztlich der Aktivseite einer Unternehmensbilanz zuzuordnende Frage nun beantwortet, zeigt das Kapital in einer anderen Hinsicht bereits bei den Ökonomen der Klassik ein janusköpfiges Bild:

o Beim Begründer der modernen Volkswirtschaftslehre, ADAM SMITH, etwa wird Kapital an einer Stelle als „Material" zur Herstellung von Konsumgütern umschrieben[70], an anderer Stelle hingegen als monetär erbrachte Einlage auf Aktien[71].

o In ähnlicher Weise ambivalent ist das Erscheinungsbild bei DAVID RICARDO, der im Kapital einerseits in der Produktion eingesetzte „Gebäude", „Geräte" etc. sieht[72], unter diesem Rubrum andererseits aber auch auf in Geldform erbrachte Vorschüsse rekurriert[73].

o Und schließlich gibt KARL MARX dem Kapital am einen Ort physische Wesenszüge, indem er etwa von „Bewässerungsanlagen, ... Wirtschaftsgebäuden etc."[74] spricht. Wenn er andernorts hingegen „eignes Kapital" und „geliehenes Kapital"[75] unterscheidet, meint er doch recht klar monetäre Vorleistungen und differenziert hierbei auch noch erkennbar in Eigen- bzw. Fremdfinanzierung.

Nur im jeweils ersten Fall (Material, Geräte, Wirtschaftsgebäude etc.) kann es sich um

---

[69] Vgl. *Cohen/Harcourt* (2003); *Felipe/McCombie* (2013), S. 323.
[70] *Smith* (1789/1937), S. 48 und 262.
[71] Vgl. *ebd.*, S. 298 und 302.
[72] *Ricardo* (1821/1951), S. 52.
[73] Vgl. *ebd.*, S. 89.
[74] *Marx* (1894/1984), S. 632.
[75] *Ebd.*, S. 383.

Input in den technischen Prozess der Produktion und damit um Kapital im Sinne eines Produktionsfaktors handeln, sodass sich die Frage nach dem Verhältnis zu den jeweils zweitgenannten Größen (ausgegebene Aktien, erhaltene Vorschüsse, Geliehenes etc.) stellt, welche gewiss nicht produktionstechnisch verwertbar sind. Bei entsprechendem Training am betrieblichen Rechnungswesen dürfte man geneigt sein, sie in der Weise zu beantworten, dass es sich bei den jeweils ersten Nennungen um Sachverhalte handelt, die der Aktivseite der Unternehmensbilanz zuzuordnen sind, bei den jeweils zweiten hingegen um solche, die auf deren Passivseite ihre Abbildung ins Quantitative erfahren. In Fortführung dieser Sichtweise und in Anwendung des tauschsystematisierten walrasianischen Paradigmas kann man das klassisch-hybride Wesen des Kapitals also in der Weise entmystifizieren, dass Unternehmen sich typischerweise mit Hilfe von Finanzierungsverträgen (die im Übrigen standardmäßig dem Geldverwendungsmuster II folgen) passivseitig Vorleistungen beschaffen, die sie aktivseitig zur Akquisition von Produktionsfaktoren benötigen; die letzteren Akquisitionsvorgänge können in einfachster Form durch Kassaverträge dargestellt werden (die in ihrer Grundform durch das Geldverwendungsmuster I geprägt sind).

Verschmilzt man dieses tauschvertragliche Erklärungsmuster mit dem Konzept des Gleichgewichts, kann eine Wertgleichheit von Aktiva und Passiva wie in der Unternehmensbilanz nicht mehr nur als schiere rechentechnische Identität im System der doppelten Buchhaltung aufgefasst werden, sondern auch als Abbild einer marktübergreifend konsistenten Bewertung von Gütern und finanziellen Verpflichtungen an ihren jeweiligen Tauschplätzen.[76] Dahinter steht (neben dem indirekten Tausch mit Hilfe von Geld) ein weiteres und wiederum beachtliches soziales Phänomen. Die mit unternehmerischer Aktivität verbundenen Tauschvorgänge betreffen nämlich wirtschaftspraktisch zwei Typen von Märkten, und zwar sowohl die Güter- als auch die Finanzmärkte. Das tauschsystematisierte Erklärungsschema kann damit dem System der doppelten Buchhaltung ein wirtschaftstheoretisches Fundament geben, welches in der Welt des reinen walrasianischen Paradigmas nur schwierig zu gießen wäre. Denn dort ist ja auch die Leistungsabgabe der

---

[76] Diese Aussage gilt grundsätzlich auch für den Produktionsfaktor Arbeit. Dieser berührt allerdings die Unternehmensbilanz wirtschaftspraktisch nicht. Eine von mehreren Erklärungsmöglichkeiten hierfür dürfte in dem Umstand liegen, dass das zeitliche Auseinanderklaffen von Leistung und Gegenleistung durch in diesem Fall monatliche Zahlungen von Lohn und Gehalt unterjährigen Charakter annimmt, die Unternehmensbilanz als Kräftespeicher hingegen zeitliche Verwerfungen über den Jahresultimo hinaus aufnimmt.

Produktionsfaktoren ein Prozess, der sich immer wieder (in infinitesimal kleinen Zeiteinheiten) per Kassatausch nach Geldverwendungsmuster 0 realisiert: Die Eigentümer von Arbeit und Kapital (Input) erhalten dort revolvierend die produzierten Güter (Output) als Gegenleistung für die Bereitstellung ihrer Produktionsfaktoren. Das verschwommenambivalente Erscheinungsbild des Kapitals in der Welt der (neo-)klassischen Nationalökonomie entpuppt sich auf diesem Wege als unmittelbare Konsequenz des ihr unterliegenden, reinen walrasianischen Paradigmas.

4.5 Finanzierungslehre

Handelt es sich bei Verkehrsgleichung, Financial Assets, Market for Corporate Control und Kapitalbegriff um eher volkswirtschaftliches Terrain, so wird unter dem Schlagwort Finanzierung üblicherweise auf betriebswirtschaftliche Fragestellungen rekurriert. Für die Auffassung des zugehörigen Lehr- und Forschungsgebiets, der betriebswirtschaftlichen Finanzierungslehre, vom Finanzierungsbegriff sind zwei letztlich kontrastierende Ansätze zu unterscheiden. Einer ist der kapitalorientierte, nach dem Finanzierung auf Vorgänge der „Kapitalbeschaffung" hinausläuft.[77] Unmittelbar wirft diese Herangehensweise die Frage auf, warum man Kapital beschaffen sollte und mittelbar erneut die, was darunter zu verstehen ist. Folgte man hier der zweiten der beiden soeben genannten klassischen Sichtweisen und fasste Kapital unternehmensseitig als Passivum auf, würde es zum Repräsentanten zukünftiger finanzierungsvertraglicher Zahlungsverpflichtungen. Kapitalbeschaffung liefe dann auf die „Beschaffung" ebensolcher Verpflichtungen hinaus, was kaum Sinn machen kann. Nach der ersten der beiden klassischen Auffassungen, die Kapital unternehmensbezogen mit aktivseitigen Sachverhalten in Verbindung bringt, könnte der kapitalorientierte Ansatz hingegen so zu interpretieren sein, dass Finanzierung auf die (in einfachster Variante kassavertragliche) Beschaffung von Gütern hinausläuft, die als Produktionsfaktoren dienen können. Und tatsächlich benötigen werbende Unternehmen ja immer wieder solchen Input, um den Produktionsprozess aufrecht zu erhalten, zu erweitern oder zu modernisieren. Andererseits gäbe diese Interpretation der Finanzwirtschaft eines Unternehmens ein doch äußerst breites Aufgabengebiet: So wäre zum Beispiel die Anschaffung eines neuen Jets bei einer Fluggesellschaft aus dieser Warte ein Finanzie-

---

[77] *Wöhe* et al. (2009), S. 4.

rungsvorgang. Obwohl nun Definitionen naturgemäß weder richtig noch falsch sein können, wäre dies nicht nur eine äußerst gehaltreiche, sondern zudem im Verhältnis zur Wirtschaftspraxis auch erstaunliche Begriffsbildung – werden solche Aufgaben dort doch grundsätzlich der Einkaufsabteilung oder vergleichbaren aufbauorganisatorischen Einheiten anvertraut. Verstärkt würde dieses zum Erstaunen Anlass gebende Erscheinungsbild der Finanzierung noch durch den Umstand, dass Zahlungsmittel (und dieser betriebswirtschaftliche Begriff steht für nichts anderes als für das Geld) nach überwiegender Auffassung gerade nicht zu den Produktionsfaktoren gehören, da sie unmittelbar die ökonomische Grundaktivität des Tauschs und nicht die der Produktion erleichtern. Die „Beschaffung" von Zahlungsmitteln (etwa zum Kauf eines Jets) wäre dann also gerade kein Finanzierungsvorgang, obwohl sie wirtschaftspraktisch geradezu eine Kernaufgabe für moderne Treasuries (also Finanzabteilungen) darstellt.[78]

Angesichts dieser klassischen Doppeldimension des Kapitalbegriffs und der erheblichen Probleme, die eine Verknüpfung der einen wie der anderen Dimension mit dem kapitalorientierten Finanzierungsbegriff mit sich bringt, scheint Bedarf an einer alternativen Finanzierungsdefinition zu bestehen. Erneut bietet sich hierzu ein an der Unternehmensbilanz ausgerichtetes Denken an. Sieht man dabei vom eher seltenen Fall der Sacheinlage und bilanziellen Besonderheiten wie Rechnungsabgrenzungsposten einmal ab, führt eine passivische Erhöhung von Eigen- oder Fremdkapital aktivseitig regelmäßig zu einer Erhöhung der Zahlungsmittel, also des Geldes. Da dieses in der Welt des tauschsystematisierten walrasianischen Paradigmas allgemeines Tauschmittel ist, ist es für die Inputbeschaffung werbender Unternehmen zwingend erforderlich. Finanzierung ist also die Beschaffung von Zahlungsmitteln im Wege des Tauschs. Dieser so genannte zahlungsmittelorientierte Ansatz ist im Feld des tauschsystematisierten walrasianischen Paradigmas wirtschaftstheoretisch stabil abgestützt und durch das wirtschaftspraktische Erscheinungsbild moderner Treasuries zudem solide in der Anwendung geerdet. Hiermit korrespondiert, dass die Systeme des betrieblichen Rechnungswesens der großen Industrienationen zunehmend ein Cash Flow Statement als integralen Bestandteil des Jahresabschlusses vorsehen. Exemplarisch sei auf das Cash Flow Statement nach IAS 7 verwiesen, das (ähnlich

---

[78] Vgl. *Kaiser* (2011a), S. 372.

wie zum Beispiel sein Gegenstück nach US-GAAP oder seine Sonderausprägung nach DRS 2) die Veränderung der Bestandsgröße Zahlungsmittel innerhalb der Betrachtungsperiode mittels dreier aggregierter Zahlungsmittelströme erklärt.[79]

---

[79] Vgl. *Bitz/Schneeloch/Wittstock* (2011), S. 596-600.

Teil II Eine tauschvertragliche Analyse privaten und staatlichen Vermögens

Ein formales Modell des systemweiten Gleichgewichts wird errichtet, in dem die ökonomische Grundaktivität des Tauschs durch synallagmatische Verträge ordnungspolitisch flankiert wird. Da sowohl Kassa- als auch Finanzierungs- als auch Terminverträge kontrahiert werden, trägt die zugehörige Lösung die Bezeichnung multiples Tauschgleichgewicht. Gestützt auf dieses Modell werden die verschiedenen Komponenten der Vermögen des privaten und des staatlichen Sektors der Modellökonomie erfasst und einer Gegenwartswertanalyse unterzogen. Es zeigt sich, dass die finanzielle Gesamtsphäre und das aggregierte Realkapital im Systemzusammenhang zueinander in komplementärem Verhältnis stehen. Diese Komplementarität ist sogar vom Typ Leontiefscher Limitationalität. Das zugehörige Argument ist auf die Bilanz als Spiegel gleichgewichtiger Bestandsbewertung an Güter- und Finanzmärkten gestützt. Wenn im Übrigen die Laufzeit bestimmter Finanzierungsverträge die von anderen Tauschverträgen umschließt, können sich letztere an erstere ankoppeln. Derart als Ankopplungsstation dienende äußere Finanzierungsverträge können als allgemeines Tauschmittel und damit als Geld dienen. Auf diesem Weg kann stoffwertloses Geld in das Modell des multiplen Tauschgleichgewichts integriert werden, ohne auf das Konzept der Financial Assets zurückgreifen zu müssen.

Wichtige Begriffe Substitutionseffekt, multiples Tauschgleichgewicht, Ricardianische Äquivalenz, Leontiefsche Limitationalität, Bilanz, Kopplung, Fiat Money, Steady State

JEL Codes D51, D53, E42, E44, K12

1. Ursprünge und Bedeutung einer berühmten Debatte

Ein beachtlicher Teil der forscherischen Aktivität in der Wirtschaftswissenschaft wurde in der Vergangenheit der Frage gewidmet, ob die verschiedenen Komponenten des privaten Vermögens einer Ökonomie zueinander durchgängig als Substitute anzusehen sind oder ob einige von ihnen zueinander in komplementärem Verhältnis stehen.[80] Der Sachverhalt ist von weit mehr als nur theoretischer Relevanz. Insbesondere bei flächendeckender Sub-

---

Für die kritisch-konstruktive Durchsicht früherer Fassungen dieses Teils II dankt der Verfasser Herrn Professor *Christian Führer* und Herrn Professor *Arndt Grimmer*.

[80] Den mikroökonomischen Hintergrund der Debatte stellt *Hicks* dar; (1939), S. 42-52, 311f.

stitutionalität muss nämlich nach konventioneller Lesart davon ausgegangen werden, dass politisch induzierte Erhöhungen des Zinsniveaus Realkapital und damit einen Produktionsfaktor verdrängen (so genannter "Substitutionseffekt"). Demgegenüber traut die – intellektuell vor allem durch den Postkeynesianer *Tobin* konzipierte – Komplementaritätsposition[81] den durch eine Zinserhöhung induzierten Portfolioanpassungen durchaus einen insofern vorteilhaften Effekt zu.[82] Als entsprechend in den 1970er Jahren verschiedene Regierungen in weniger entwickelten Ländern die Liberalisierung der nationalen Finanzmärkte und die Abschaffung von Antiwuchergesetzen[83] auf ihre jeweilige politische Tagesordnung setzten[84], waren die Gegenargumente insbesondere von wirtschaftstheoretischer Natur, indem sie vor dem Substitutionseffekt warnten. *McKinnon* hatte dies zuvor zuverlässig vorhergesehen.[85] Und auch heute, im Kielwasser eines beachtlichen, von den führenden Zentralbanken der Welt erzeugten monetären Überschusses[86], benötigt die Geldpolitik eine theoretische Orientierungsmarke: Haben historisch niedrige Zinsniveaus einen unterstützenden oder aber gegenläufigen Effekt auf die Realkapitalhaltung – oder gibt es da vielleicht sogar überhaupt keine theoretische Kausalität? Dieser <u>Teil II</u> der Theorie der Tauschverträge behandelt die Thematik substitutiver versus komplementärer Beziehungen im Vermögen, indem er (i) die Modellierung eines Systems des allgemeinen Gleichgewichts unter Berücksichtigung von Geld um das Konzept des Tauschvertrags ergänzt und (ii) das an sich hinlänglich bekannte Instrument der Bilanz nunmehr aus einer gleichgewichtsorientierten Perspektive betrachtet – und nicht als die rechentechnische Identität aus dem System der doppelten Buchhaltung. Die KAPITEL 2 und 3 skizzieren zu diesem Zweck den tauschvertraglichen Rahmen des betrachteten Modells, indem sie auf bestimmte Kurzfristvereinbarungen abstellen, deren Laufzeit eine echte Teilmenge des insgesamt betrachteten Zeithorizonts darstellt und die deshalb als innere Tauschverträge bezeichnet werden. Die Gruppe der letzteren zerfällt in Kassa-, Finanzierungs- und Terminverträge. Anschließend geht die Analyse zu bestimmten Langfristvereinbarungen über. Diese äußeren Finanzierungsverträge können aufgrund ihrer bis zur Umschließung der inneren Tauschverträge erweiterten Laufzeit als Ankopplungsstation für die inneren die-

---

[81] Vgl. *Ketterer* (1981).
[82] Vgl. *Tobin* (1961), (1963), (1965) und (1969).
[83] Vgl. *Kaiser* (1992), S. 2.
[84] Vgl. *Galbis* (1979), S. 337-350; *Arrellano* (1983), S. 6-9; *Fernandez* (1983), S. 80-82.
[85] Vgl. *McKinnon* (1973), S. 42-67.
[86] Vgl. *Freedman* et al. (2010); *Schmidt* (2013).

nen. KAPITEL 4 ist dem multiplen Tauschgleichgewicht gewidmet, welches durch eine gleichzeitige Inzidenz von Kassa-, Finanzierungs- und Termintransaktionen gekennzeichnet ist. Die sich ergebende Projektion des multiplen Tauschgleichgewichts auf die Bilanz ist die Basis für eine strikte Gegenwartswertanalyse des Vermögens und eine neue Herangehensweise an die Frage nach substitutiven versus komplementären Beziehungen. Um dem Umstand Rechnung zu tragen, dass Fiat Money in modernen Tauschwirtschaften die Rolle übernimmt, die früher konvertible Banknoten eingenommen haben, wird in KAPITEL 5 das Phänomen der monetären Dekonvertibilitierung analysiert.

2. Innere Tauschverträge

2.1 Zeithorizont

Der der Analyse unterliegende Zeithorizont, der durch den Laufindex τ abgegriffen wird, ist diskret. Vier seiner Elemente, und zwar die beiden äußersten Zeitpunkte $\tau = -1$ (die Vergangenheit) und $\tau = \bar{\tau}$ (die ferne Zukunft) sowie $\tau = 0$ (die Gegenwart) und $\tau = 1$ (die nahe Zukunft) werden von besonderer Bedeutung sein: $\tau = -1, 0, 1, ..., \bar{\tau}$ mit $\bar{\tau} \geq 2$. Was Teil II betrifft, soll der Zeithorizont außer in KAPITEL 5 sogar exakt vier Zeitpunkte umfassen, sodass bis auf weiteres die Restriktion $\bar{\tau} = 2$ greift. Dieses Vier-Zeitpunkt-Szenario vorausgesetzt, werden die beiden äußeren Zeitpunkte $\tau = -1$ und $\tau = 2$ in KAPITEL 3 insbesondere für die Schöpfung bzw. Beendigung von Geld entscheidend sein, während die beiden inneren Zeitpunkte $\tau = 0$ und $\tau = 1$ noch in diesem Kapitel den Weg zur Schaffung von zukünftigem Output und damit Vermögen in einem monetär angereicherten ökonomischen System ebnen. Die Schöpfung des Geldes ist Bestandteil einer monetär-finanziellen Rahmenvereinbarung, die noch in $\tau = -1$ abgeschlossen wird. Wenn es jedoch um die Erfassung und Bewertung von Vermögen geht, ist die Gegenwart, also der Zeitpunkt $\tau = 0$, stets der alleinige zeitliche Bezugspunkt.

Vergleichbarkeit mit älteren Untersuchungen zu der genannten Frage, ob die verschiedenen Vermögenskomponenten zueinander durchgängig als Substitute anzusehen sind oder ob einige von ihnen zueinander in komplementärem Verhältnis stehen, ist mitentscheidend für die nachfolgende Konstruktion der Modellökonomie. Sie abstrahiert deshalb von Arbeit als Produktionsfaktor und damit – im Stile dieser älteren Studien – von Humankapital als Vermögenskomponente. Die Möglichkeit negativer Optimalmengen und -beträge wird zudem zum Zwecke der Anwendung vereinfachter mathematischer Optimierungsverfahren ausgeschlossen. Im Gegensatz zu einem nur implizit über resultierende Tauschverhältnisse beschriebenen vierten Sektor, den man sich gut als Rest der Welt vorstellen kann, sind es drei explizit modellierte Sektoren – Haushalte, Unternehmen und der Staat – die gemeinschaftlich die explizite Marktarchitektur des Modells bilden, welche im Übrigen als Einzelwährungsraum aufgefasst sein möge.

2.2 Haushaltssektor

Für den Haushaltssektor wird unterstellt, er maximiere den Erwartungsnutzen seines finanziellen Einkommens $\widetilde{F}_1^l$, welches in $\tau = 1$ an ihn aus den Finanzinvestitionen zurückfließt, die er in $\tau = 0$ getätigt hat. Hierbei ist das finanzielle Einkommen netto aufzufassen, das heißt nach Abschlag bestimmter Überlassungskosten l, welche in Kürze näher erläutert werden. Aus modellexogenen Gründen verfügt der Haushaltssektor ganz zu Beginn von $\tau = -1$ über Forderungen an den Staat, die ohne die bereits erwähnte monetärfinanzielle Rahmenvereinbarung in $\tau = 0$ im Betrag $\overline{b}_0$ fällig würden. Die Anfangsausstattung des Haushaltssektors erstreckt sich ferner auf zwei dauerhafte Güter in jeweils streng positiver Menge, wobei das eine unproduktiv, das andere produktiv ist. Motiviert durch die Finanzgeschichte möge Gold für das erste stehen, Realkapital für das zweite. Hieraus resultiert auch die Wahl der Symbole $\overline{g}_{-1}$ und $\overline{k}_{-1}$ für die Mengen an Gold bzw. Realkapital, die im Zeitpunkt $\tau = -1$ zur Verfügung stehen. Zudem wird für beide Mengen unterstellt, dass sie über den gesamten betrachteten Zeithorizont jeweils konstant sind:

$$\overline{g}_{-1} = \overline{g}_0 = \overline{g}_1 = \overline{g}_2 = \overline{g} \quad ; \quad \overline{k}_{-1} = \overline{k}_0 = \overline{k}_1 = \overline{k}_2 = \overline{k}$$

2.3 Unternehmenssektor, Privatvermögen

Es gibt eine streng positive Anzahl n[87] von im Vergleich zueinander stets gleich großen, gruppenweit und damit im Gleichschritt jedoch variabel großen Projekten, die dem Unternehmenssektor zur Verfügung stehen, um seinen für $\tau = 1$ erwarteten Gewinn unter der

---

[87] In Abweichung von Teil I steht das Symbol n also nun nicht mehr für die Anzahl vorhandener Güter.

Nebenbedingung zu maximieren, dass der Betrag der von ihm vom Haushaltssektor in $\tau = 0$ erhaltenen Eigenfinanzierungsvorschüsse durch eigene Auszahlungen nicht überschritten wird. (Für einen Überblick über die vom Modell implizierten Budgetgleichungen vergleiche die Tabelle im Anhang zu diesem Teil II.) Jedes Projekt produziert aus Realkapitalinput mit einer Verzögerung von einer Periode nicht-dauerhaften Output. Als Reflex einer regelungsstarken, marktwirtschaftlich orientierten Ordnungspolitik realisiert jedes der $\nu = 1,...,n$ Unternehmen genau ein Projekt, wodurch gleichermaßen eine hohe Wettbewerbsintensität wie auch ein maximaler erwarteter Gesamtoutput abgesichert wird. Entsprechend investiert jedes Unternehmen im Zeitpunkt $\tau = 0$ die standardisierte Menge k_0^ν, die durch die Anzahl an Unternehmen n und den Realkapitalinput k_0 des gesamten Unternehmenssektors determiniert wird:

$$k_0^\nu = \frac{k_0}{n} \ \forall \ \nu = 1,...,n \ ; \qquad \sum_{\nu=1}^{n} k_0^\nu = k_0$$

Vor ihrer Realisierung im Zeitpunkt $\tau = 1$ sind die Ergebnisse der verschiedenen Projekte voneinander stochastisch unabhängig. Jedes Projekt hat zudem nur zwei mögliche Ergebnisse: „Erfolg" mit der streng positiven Elementarwahrscheinlichkeit s, $0 < s < 1$, und "Misserfolg" mit der Gegenwahrscheinlichkeit $(1-s)$. Im Misserfolgsfall liefert jedes Projekt nur den minimalen Output

$$y_1^{\min}\left(\frac{k_0}{n}\right) = o \cdot \frac{k_0}{n}$$

wobei o die streng positive operative Minimalrate ist: $o > 0$. Im Erfolgsfall wird demgegenüber auch noch eine ebenfalls streng positive und zudem zweimal stetig differenzierbare Aufschlagsfunktion a für den Output relevant. Sie ist streng monoton steigend und streng konkav im Realkapitalinput des Unternehmenssektors wie auch der einzelnen Unternehmen:

$$a\left(\frac{k_0}{n}\right) > 0 \text{ für } k_0, n > 0; \quad \frac{\partial a}{\partial k_0} = \frac{1}{n} \cdot \frac{\partial a}{\partial (k_0/n)} > 0; \quad \frac{\partial^2 a}{\partial k_0^2} = \frac{1}{n^2} \cdot \frac{\partial^2 a}{\partial (k_0/n)^2} < 0$$

Erfolg induziert damit den maximal pro Projekt möglichen Output:

$$y_1^{\max}\left(\frac{k_0}{n}\right) = y_1^{\min}\left(\frac{k_0}{n}\right) + a\left(\frac{k_0}{n}\right) = o \cdot \frac{k_0}{n} + a\left(\frac{k_0}{n}\right)$$

Die Zufallsvariable $\tilde{x}$, die die Anzahl an erfolgreich abgeschlossenen Projekten indiziert, steht nun offensichtlich im Kraftfeld einer Binomialverteilung Bi, die von der Anzahl an Projekten n und der Elementarwahrscheinlichkeit s des einzelnen Projekts geprägt wird. Da für gegebenes n die Menge an Output $\widetilde{y}_1$, die durch den gesamten Unternehmenssektor aus Realkapitalinput erzeugt wird, durch eine lineare Transformation aus $\widetilde{x}$ hervorgeht, muss sie ebenfalls binomial verteilt sein:

$$\widetilde{y}_1 = \widetilde{y}_1(\widetilde{x}) = n \cdot y_1^{\min}\left(\frac{k_0}{n}\right) + a\left(\frac{k_0}{n}\right) \cdot \widetilde{x} = o \cdot k_0 + a\left(\frac{k_0}{n}\right) \cdot \widetilde{x} \quad ; \quad \widetilde{x} \sim \text{Bi}(n,s)$$

Gleichgewichtswerte sollen in dieser Untersuchung durch ein Sternchen indexiert werden. Die verfügbare Menge an Realkapital überschreite den gleichgewichtigen Realkapitalinput in die Produktion k_0^* in dieser im Vergleich zum Rest der Welt "kleinen" Modellökonomie[88]:

(1) $\quad \bar{k} > k_0^* > 0$

Die Motivation für dieses Unterbeschäftigungsszenario ist nicht so sehr eine Anhängerschaft für eine bestimmte dogmengeschichtliche Strömung innerhalb der Wirtschaftswissenschaft als viel eher die simple Tatsache, dass der oben skizzierte Substitutionseffekt in einer stets vollbeschäftigten Ein-Produktionsfaktor-Ökonomie mit Realkapital als einzigem Input von vornherein ausgeschlossen wäre. Das Fehlen flexibler Wechselkurse, die Fixierung verschiedener Tauschverhältnisse und die reduzierte Mobilität der beiden Güter sind dabei die entscheidenden Unterbeschäftigungskräfte, die am Werk sind: Der institutionell fixierte Kassapreis des Realkapitals treibt dessen operative Menge unter das Vollbeschäftigungsniveau. Ein Transfer des unbeschäftigten Rests in Richtung Rest der Welt scheitert an seiner reduzierten Mobilität. Ein Absinken der Nettoertragsrate auf Eigenfinanzierungsvorschüsse könnte gemäß nachfolgender Beziehung (19) zwar die Nachfrage nach Realkapital steigern. Aufgrund der überragenden Größe des Rests der Welt und des Fehlens eines dämpfenden Wechselkursmechanismus' muss diese Rate jedoch insofern als exogen fixiert angesehen werden. Wiederum aufgrund reduzierter Mobilität kann der

---

[88] Die durch diese Annahme einer im Vergleich zum Rest der Welt "kleinen" Modellökonomie induzierte Exogenität bestimmter Parameter (nämlich der Zinssätze für Eigen- bzw. Fremdfinanzierung sowie des Kassapreises für Gold) erleichtert nicht nur die Konstruktion eines Unterbeschäftigungsgleichgewichts und die Bewertung des Golds, sondern auch die Anwendung des Konzepts des Gegenwartswerts. Endogene Diskontierungszinssätze würden Ausdrücke für Gegenwartswerte deutlich komplexer werden lassen, ohne wohl die Kernresultate dieser Untersuchung signifikant zu beeinflussen.

Terminpreis des Outputs – ähnlich wie der Kassapreis des Realkapitals und im Gegensatz zur Nettoertragsrate auf Eigenfinanzierungsvorschüsse – von dem Niveau abweichen, das im Rest der Welt vorherrscht. Und im Lichte der nachfolgenden Beziehung (20) würde ein Anstieg des Outputpreises auch tatsächlich die Nachfrage nach Input steigern. Die Räumung seines eigenen Marktes statt der Schaffung von Vollbeschäftigung ist jedoch die wesentliche Determinante des Outputpreises. Trotz dieses reduzierten Beschäftigungsniveaus mögen die Gleichgewichtserlöse aus dem Verkauf von Output zum Terminpreis f^{y*} selbst im Fall völligen Misserfolgs ($x = 0$) ausreichen, um die in $\tau = 1$ fällige, streng positive Gleichgewichtssteuerschuld t_1^* des Unternehmenssektors gegenüber dem Staat mit Sicherheit zu begleichen:

(2) $\quad 0 < t_1^* < f^{y*} \cdot y_1(k_0^*, x = 0)$

Das Symbol μ_y stehe bei gegebenem Realkapitalinput in $\tau = 0$ und gegebener Anzahl an Unternehmen nun für den für $\tau = 1$ erwarteten Gesamtoutput. Es gilt:

(3) $\quad \mu_y = E[\tilde{y}_1] = o \cdot k_0 + n \cdot s \cdot a\left(\dfrac{k_0}{n}\right)$

Der erwartete Output ist offensichtlich streng monoton steigend im eingesetzten Realkapital:

(4) $\quad \dfrac{\partial \mu_y}{\partial k_0} = o + s \cdot \dfrac{\partial a}{\partial (k_0/n)} > 0$

Ebenso überträgt sich die strenge Konkavität der Aufschlagsfunktion auf den erwarteten Gesamtoutput:

(5) $\quad \dfrac{\partial^2 \mu_y}{\partial k_0^2} = \dfrac{s}{n} \cdot \dfrac{\partial^2 a}{\partial (k_0/n)^2} < 0$

Gemeinsam mit dem Haushaltssektor formt der Unternehmenssektor den privaten Sektor der betrachteten Modellökonomie. Auf diesem Wege wird folgende Definition des Privatvermögens formulierbar.

DEFINITION 1   PRIVATVERMÖGEN ist das Nettovermögen des privaten Sektors.

2.4 Tausch

2.4.1 Kollektives Votum für indirekten Tausch

Aufgrund einer gesamtgesellschaftlichen, innerhalb der bereits angesprochenen, monetär-finanziellen Rahmenvereinbarung getroffenen Entscheidung wird der Tausch in der betrachteten Ökonomie indirekt mit Hilfe von Geld organisiert. Der Haushaltssektor hinterlegt zum Zwecke der Umsetzung dieser Entscheidung und damit der Schöpfung von Geld seine Goldbestände bei der staatlichen Zentralbank, die daraufhin konvertible, also in dieses Edelmetall umtauschbare Banknoten begibt. Zugehörige Einzelheiten werden in den KAPITELN 3 UND 4 noch dargestellt.

2.4.2 Eigenfinanzierung als originäre Unternehmensfinanzierung

Das über den Projekten schwebende Produktionsrisiko ruft nach gewinnabhängig ausschüttender und damit nach Eigenfinanzierung, welche deshalb auch schlechthin die originäre Form der Unternehmensfinanzierung darstellt.[89] Jeder Ankauf von Realkapital beim Haushaltssektor durch die Unternehmen muss entsprechend noch im gleichen Zeitpunkt $\tau = 0$ durch Vorschüsse gedeckt werden, die der Haushaltssektor gegen Zeichnung von Unternehmensanteilen an die Unternehmen gewährt. Für den Unternehmenssektor ist der Input von Realkapital das Instrument zur Maximierung seines für $\tau = 1$ erwarteten Gewinns – und damit auch seiner Gewinnausschüttung: Eine Einbehaltung von Gewinn käme für ihn zu diesem Zeitpunkt einer vorhergehenden Überinvestition von Realkapital gleich, das kostenbringend hätte eigenfinanziert werden müssen, was wiederum den erwarteten Gewinn suboptimal hätte ausfallen lassen. Für den Haushaltssektor wäre eine solche Einbehaltung im Übrigen ein Verlust an finanziellem Einkommen. Aus Haushaltssicht ist deshalb die Höhe der in $\tau = 0$ an den Unternehmenssektor gegen Aktien gewährten Eigenfinanzierungsvorschüsse das Instrument zur Maximierung seines Erwartungsnutzens.

---

[89] Wie *Gale* und *Hellwig* (1985) herausgearbeitet haben, ist der Fall der Beimischung von Fremdfinanzierung einer von ganz bestimmten Informationsasymmetrien. Und diese speziellen sollen in dieser Analyse qua Annahme ausgeschlossen sein.

2.5 Staat

2.5.1 Budgetausgleich

Der die explizite sektorale Struktur der betrachteten Ökonomie vervollständige Staat umfasst auch die bereits erwähnte Zentralbank. Er muss wie der Haushalts- und der Unternehmenssektor sein Budget ausgleichen, um ein systemweites Gleichgewicht zu ermöglichen. Ebenfalls bereits kurz angeschnitten wurde, dass der Staat ganz zu Beginn des Zeitpunkts $\tau = -1$ gegenüber dem Haushaltssektor verschuldet ist. Werden keine geeigneten Gegenmaßnahmen ergriffen, werden die Schulden im Zeitpunkt $\tau = 0$ in Höhe des Betrags $\bar{b}_0$ fällig. Andererseits hat der Staat die hoheitliche Befugnis, Steuern zu erheben, und er würde seine in $\tau = 1$ fälligen Steuereinnahmen t_1 als Instrument nutzen, um sein Budget zu diesem Zeitpunkt auszugleichen. Zwischenzeitlich, also zwischen $\tau = 0$ und $\tau = 1$, benötigt er aber eine Überbrückungsfinanzierung, um seine Insolvenz zu vermeiden.

2.5.2 Ordnungspolitische Flankierung des Tauschs durch Verträge

Als weiterer Reflex marktwirtschaftlich orientierter Ordnungspolitik wird der Tausch in der Modellökonomie durch das Institut des Vertrags rechtlich flankiert. Die maximale Laufzeit von Tauschverträgen, die zum inneren Zeitpunkt $\tau = 0$, also in der Gegenwart, abgeschlossen werden, beträgt dabei eine Periode, sodass ihre Gegenleistung spätestens zum inneren Zeitpunkt $\tau = 1$, also in der nahen Zukunft, erbracht worden sein muss. Tauschverträge, die im Zeitpunkt $\tau = 1$ abgeschlossen werden, müssen konsequenterweise sogar mit sofortiger Wirkung vollständig erfüllt werden, damit ihre Gegenleistung ebenfalls noch in $\tau = 1$ fällig wird. Auf diese Weise werden vier verschiedene zeitliche Grundmuster für innere Tauschverträge[90] möglich:

DEFINITION 2 (a) Ein innerer FRÜHER KASSAVERTRAG KV_0 ist ein Vertrag, der in $\tau = 0$ abgeschlossen und durch einen sofortigen und gleichzeitigen Austausch von Leistung und Gegenleistung erfüllt wird. (b) Ein innerer TERMINVERTRAG TV_0 ist ein Vertrag, der in $\tau = 0$ abgeschlossen wird und einen zeitgleichen Austausch von Leistung und Gegenleistung im nahen Zukunftszeitpunkt $\tau = 1$ vorsieht. (c) Ein in-

---

[90] Vgl. *Kaiser* (2011), S. 496.

nerer FINANZIERUNGSVERTRAG FV_0 ist ein Vertrag, der in $\tau = 0$ abgeschlossen wird und die sofortige Erbringung der Vorleistung vorsieht, während die Gegenleistung erst im nahen Zukunftszeitpunkt $\tau =1$ fällig wird. (d) Ein innerer SPÄTER KASSAVERTRAG KV_1 ist ein Vertrag, der im nahen Zukunftszeitpunkt $\tau =1$ abgeschlossen und durch eine sofortige und simultane Erbringung von Leistung und Gegenleistung erfüllt wird.

(Für eine graphische Veranschaulichung von Definition 2 kann auf Abbildung 3 in Teil I verwiesen werden.)

Unter der Voraussetzung, dass ein allgemeines Tauschmittel, also Geld, zum Einsatz kommt, können zwei verschiedene Geldverwendungsmuster[91] mit den zeitlichen Grundmustern für Tauschverträge aus Definition 2 in Verbindung gebracht werden:

DEFINITION 3 (a) Im Falle des GELDVERWENDUNGSMUSTERS I (GVMI) wird Geld gegen Güter, also stoffliche Waren oder unstoffliche Dienstleistungen getauscht. (b) Demgegenüber beschreibt das GELDVERWENDUNGSMUSTER II (GVMII) den Tausch von Geld gegen Geld.

Obwohl Abweichungen von diesem Prinzip durchaus vorkommen (vergleiche zum Beispiel die noch folgende Definition 4), folgen Kassa- und Terminverträge in ihrer einfachsten Form doch dem GVMI, während Finanzierungsverträge in ihrer Grundform durch das GVMII charakterisiert sind. Ob es nun der frühe oder auch späte Kassakauf von Bananen oder der Terminverkauf von später zu lieferndem Kupfer ist – das Basisschema für solche Verträge lautet doch stets Güter gegen Geld.

o Im Falle des GVMI bei Kassaverträgen ist das zugehörige Tauschverhältnis zwischen Leistung und Gegenleistung ein KASSAPREIS p.

o Wenn demgegenüber Terminverträge durch das GVMI gekennzeichnet sind, ist das Tauschverhältnis ein TERMINPREIS f.

o Weisen andererseits Finanzierungsverträge (wie zum Beispiel Unternehmensanteile und Staatsanleihen) das GVMII auf, reflektiert ein Bruttozinssatz (Fall der Fremdfinanzierung) bzw. eine Bruttoertragsrate (Fall der Eigenfinanzierung) $1+r$, wel-

---

[91] Vgl. *Kaiser* (2011), S. 496.

che(r) den NETTOZINSSATZ (bzw die NETTOERTRAGSRATE) r und die Tilgung (bzw. den Liquidationserlös) l umfasst, das zugehörige Tauschverhältnis.

2.6 Marktarchitektur

In sektoraler Systematik bilden der Unternehmenssektor, der Haushaltssektor und der Staat gemeinsam den „expliziten" Teil der Marktarchitektur, da sie zumindest mit ihren jeweiligen Budgetgleichungen, der Unternehmenssektor und der Haushaltssektor zudem auch mit ihren jeweiligen Zielfunktionen bereits modelliert wurden bzw. noch modelliert werden. Der Rest der Welt tritt hingegen nur implizit durch Übernahme bestimmter Tauschverhältnisse von dort mit deshalb exogenem Charakter in Erscheinung. Marktsystematisch sind es entsprechend die vier sich zwischen Unternehmenssektor, Haushaltssektor und Staat auftuenden Märkte, das heißt der Markt für Realkapital, der Markt für Output, der Markt für Unternehmensanteile und der Markt für Staatsanleihen, die die explizite Marktarchitektur des Gesamtmodells bilden. Diese Märkte werden nun näher vorgestellt, wobei auch bereits einige Resultate antizipiert werden, die später durch funktionale Konkretisierung des Gewinnmaximierungskalküls der Unternehmen bzw. des Nutzenmaximierungskalküls der Haushalte noch exakt hergeleitet werden.

2.6.1 Kassamarkt für Realkapital

Tauschvertraglich umgesetzte Gütermengen sollen in dieser Untersuchung durch das Symbol q symbolisiert werden, wohingegen m Geldbeträge, insbesondere tauschvertraglich in Bewegung gesetzte, repräsentiert. Der gegenläufige Pfeil $\leftrightarrow$ (der "versus" ausgesprochen wird) übersetzt den synallagmatischen Charakter der Tauschverträge in die sich hier entwickelnde tauschvertragliche Symbolik. Beispielsweise werden $\kappa = 1,...,\bar{\kappa}$ frühe Kassaverträge in Realkapital k zwischen Haushalten und Unternehmen abgeschlossen, die durchweg dem GVMI folgen:

$$KV_0^\kappa = KV_0^\kappa(m_0^\kappa \leftrightarrow p^{\hat{k}} \cdot q_0^\kappa)$$

Ein solcher Kassavertrag sieht also die Leistung einer bestimmten Menge an Realkapital q_0^κ zum institutionell fixierten, streng positiven Kassapreis $p^{\hat{k}}$ gegen Zahlung des entsprechenden Geldbetrages vor, wobei beide Vertragsbestandteile zum Zeitpunkt des Vertragsabschlusses, also in $\tau = 0$, fällig sind. Um Doppelerfassungen zu vermeiden, sollen nur Kassakäufe Gegenstand der Summation sein und die korrespondierenden Kassaverkäufe insofern vernachlässigt werden: $m_0^\kappa < 0$, $p^{\hat{k}} \cdot q_0^\kappa > 0 \quad \forall \; \kappa = 1,...,\overline{\kappa}$. Die Gleichgewichtsmenge k_0^*, die am Markt für Realkapital umgesetzt wird, kann einerseits durch Summation über die zugehörigen Verträge ermittelt werden:

$$k_0^* = \sum_{\kappa=1}^{\overline{\kappa}} q_0^\kappa$$

Ein alternativer Ansatz zur Erfassung der Gleichgewichtsmenge setzt am Schnittpunkt von aggregierter Nachfrage durch den Unternehmenssektor und aggregiertem Angebot durch den Haushaltssektor an. Aufgrund des institutionell fixierten Preises des Realkapitals $p^{\hat{k}}$ ist die zugehörige Nachfragekurve über ihren Definitionsbereich vollkommen elastisch:

(6) $\quad p^k(k_0^d) = p^{\hat{k}} \quad$ für $\; 0 < k_0^d < \infty$

In der nebenstehenden Abbildung 1, die die vier expliziten Modellmärkte synoptisch wiedergibt, befindet sich der Kassamarkt für Realkapital links oben. Da der Transfer einer infinitesimal kleinen Einheit Realkapital dem Haushaltssektor nicht-pekuniäre Überlassungskosten zu konstanter Rate $1/p^{\hat{k}}$ verursacht (vorstellbar als Mühe des Transports, bürokratischer Aufwand der Vertragsformulierung etc.), wird der Wert des dem Unternehmenssektor zur Verfügung gestellten Realkapitals $p^k \cdot k_0^s$ ein gegebenes Angebot an Eigenfinanzierungsvorschüssen e_0^s weder überschießen (unnötige Überlassungskosten) noch unterschreiten (nicht ausreichende Erlöse aus dem Verkauf von Realkapital); beide Größen werden sich vielmehr exakt entsprechen. Aufgrund des institutionell fixierten Charakters des Preises des Realkapitals $p^{\hat{k}}$ ist im Übrigen auch die korrespondierende Angebotskurve für Realkapital vollkommen elastisch über ihrem Definitionsbereich, welcher allerdings nun nach oben durch die überhaupt verfügbare Menge an Realkapital $\overline{k}$ beschränkt ist:

(7) $\quad p^k(k_0^s) = p^k\left(\dfrac{e_0^s}{p^{\hat{k}}}\right) = p^{\hat{k}} \quad$ für $\; 0 < k_0^s \leq \overline{k}$

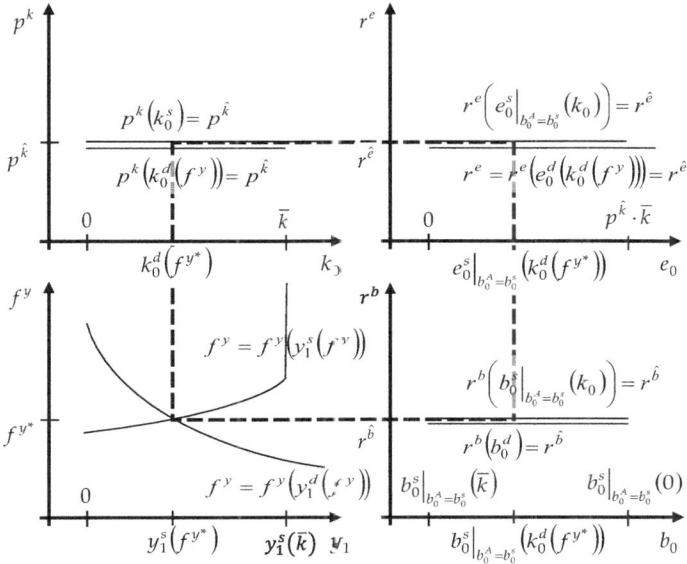

ABBILDUNG 1 Explizite Marktarchitektur (im Uhrzeigersinn von links oben aus): Kassamarkt für Realkapital, Finanzmarkt für Unternehmensanteile, Finanzmarkt für Staatsanleihen und Terminmarkt für Output

Die Tatsache, dass sowohl die Angebotskurve für als auch die Nachfragekurve nach Realkapital auf gleichem Preisniveau p^k vollkommen elastisch ausfallen und somit wie in Abbildung 1 horizontal aufeinander liegen, sollte nicht zu dem Schluss verleiten, jede beliebige Menge an Realkapital k_0 sei zwingend auch schon eine systemweite Gleichgewichtsmenge. Dem Terminpreis für Output f^y als einzig freiem Tauschverhältnis kommt vielmehr insofern eine strategische Schlüsselrolle zu, als er nicht nur unmittelbar für die Räumung seines eigenen Marktes ausschlaggebend ist; wie sich zeigen wird, determiniert er vielmehr mittelbar auch die vom Unternehmenssektor gewünschte Menge am Realkapitalmarkt, die dann zudem tatsächlich vom Haushaltssektor auch bereit gestellt wird.

2.6.2 Terminmarkt für Output

Angesichts der eine Modellperiode ausmachenden Verzögerung zwischen der Produktion von Output in $\tau = 1$ aus Realkapitalinput in $\tau = 0$ ist die Möglichkeit, gegenwärtige Unsicherheit über zukünftige Tauschverhältnisse zu eliminieren, ein starkes Argument für den Abschluss entsprechender Terminverträge. $\omega = 1,...,\overline{\omega}$ solcher Kontrakte, die durchweg dem GVMI folgen, werden deshalb abgeschlossen, um im Verbund den Gleichgewichtsoutput y_1^* umzusetzen. Ein beliebiges Element dieser Vertragsmenge kann mithin wie folgt symbolisiert werden:

$$TV_0^\omega = TV_0^\omega (m_1^\omega \leftrightarrow f^{y^*} \cdot q_1^\omega)$$

Dieser in $\tau = 0$ abgeschlossene Tauschvertrag sieht also die zukünftige Leistung einer bestimmten Menge Output zum zugehörigen, streng positiven Terminpreis f^{y^*} gegen zukünftige Zahlung eines entsprechenden Geldbetrages vor. Mögliche Mengendifferenzen zwischen dem in $\tau = 0$ insgesamt kontrahierten und dem in $\tau = 1$ insgesamt realisierten Output werden durch den ordnungspolitischen Rahmen und die vertraglichen Covenants in Form abweichungsabhängiger prozentualer Auf- und Abschläge auf die ursprünglich individuell kontrahierte Menge geregelt, sodass aus Markträumung auf der Erwartungsebene auch Markträumung auf der Realisationsebene resultiert. Um wiederum Doppelerfassungen zu vermeiden, sollen zum Zwecke der Summation nur Terminkäufe von Output erfasst und die zugehörigen Terminverkäufe vernachlässigt werden: $m_1^\omega < 0, f^{y^*} \cdot q_1^\omega > 0$ $\forall\ \omega = 1,...,\overline{\omega}$. Summation über die Verträge führt dann zur Gleichgewichtsmenge an Output, die auf dem zweiten Markt der Modellökonomie, welcher in Abbildung 1 links unten dargestellt ist, umgesetzt wird:

$$y_1^* = y_1^s \left(f^{y^*} \right) = \sum_{\varpi=1}^{\overline{\varpi}} q_1^\varpi$$

Die im Gleichgewicht definitionsgemäß gegebene Mengenentsprechung von aggregierter Outputnachfrage und aggregiertem Outputangebot kann als alternatives Verfahren zur Erfassung der zugehörigen Gleichgewichtsmenge implementiert werden. Wie aus dem erwarteten Gesamtoutput (3) im Lichte der partiellen Ableitung (20) innerhalb des nachfolgenden Maximierungsprogramms für den erwarteten Gewinn geschlossen werden kann, wird das aggregierte Outputangebot so lange eine positive Steigung im Eigenpreis aufweisen, wie die Kapazitätsgrenze $y_1^s(\overline{k})$ noch nicht erreicht ist:

(8) $\quad y_1^s = y_1^s \left(k_0^d \left(\underset{+}{f^y} \right) \right)$ für $0 < y_1^s < y_1^s(\overline{k})$

Mit Erreichen dieser Kapazitätsgrenze muss das Outputangebot hingegen völlig unelastisch im Eigenpreis werden. (Eine mathematische Formulierung dieses Sachverhalts würde hier etwas umständlich.)

Im Gegensatz zum Angebot resultiert die aggregierte Outputnachfrage aus der Terminverausgabung des finanziellen Einkommens $E[\widetilde{F}_1]$ vor Abzug der nichtpekuniären Überlassungskosten, das der Haushaltssektor für $\tau = 1$ aus seinen in $\tau = 0$ realisierten Finanzinvestitionen erwartet. Mögliche Differenzen zwischen dem in $\tau = 0$ auf der Basis der kontrahierten Finanzierungsverträge erwarteten und dem in $\tau = 1$ tatsächlich realisierten finanziellen Einkommen werden durch den ordnungspolitischen Rahmen und die vertraglichen Covenants in der Weise geregelt, dass die Ausschüttung auf die Eigenfinanzierungsverträge, also die Unternehmensanteile, letztendlich nicht zwingend dem in $\tau = 0$ korrekt erwarteten, sondern dem in $\tau = 1$ tatsächlich realisierten Gewinn entspricht. So wird Markträumung auf dem Niveau der Vorleistungen ebenso wie Rechtsfrieden auf dem Niveau der realisierten Gegenleistungen gewährleistet. Wie die nachfolgenden Beziehungen (32) und (33) erhärten, werden die Angebote von Vorschüssen gegen Unternehmensanteile e_0^s bzw. Staatsanleihen b_0^s auf nominaler Ebene völlig unabhängig vom Terminpreis des Outputs sein. Hieraus ergibt sich Beziehung (35), nach der die reale, also durch den zugehörigen Terminpreis dividierte Outputnachfrage y_1^d über ihrem Definitionsbereich eine negative Steigung aufweist:

$$(9) \quad y_1^d = \frac{E[\widetilde{F}_1(e_0^s, b_0^s)]}{f^y} = y_1^d\left(\underset{-}{f^y}\right) \quad \text{für} \quad 0 < y_1^d < \infty$$

2.6.3 Finanzmarkt für Unternehmensanteile

Mit dem Wechsel von den Kassaverträgen (Realkapital) bzw. Terminverträgen (Output) zu den Finanzierungsverträgen vollzieht sich nun auch der mit Blick auf das Wirtschaftsleben in diesem Zusammenhang als Standard zu bezeichnende Übergang von GVMI zu GVMII. Entsprechend tritt bei den zwischen den Haushalten und den Unternehmen abgeschlossenen Verträgen über Vorschussgewährung gegen Überlassung von Unternehmensanteilen die erwartete Bruttoertragsrate $1 + r^{\hat{e}}$ an die Stelle des Kassapreises (Realkapital) bzw. Terminpreises (Output). In $\tau = 0$ werden in der Modellökonomie $\varepsilon = 1,...,\overline{\varepsilon}$

solcher gewinnabhängig ausschüttenden und deshalb dem Eigenfinanzierungsbereich zuzuordnenden Verträge abgeschlossen, deren jeder für die (gegebenenfalls auch nur anteilige) Finanzierung eines bestimmten Unternehmens durch einen bestimmten Haushalt steht und seinen Beitrag zu einer der beiden Komponenten des in $\tau = 1$ anfallenden finanziellen Einkommens des Haushaltssektors leistet (die andere Komponente repräsentieren die bereits kurz angeschnittenen, genauer aber noch zu erörternden Staatsanleihen). Aufgrund des stochastischen Charakters der Produktion ist auch die Gegenleistung $\tilde{m}_1^\varepsilon$ aus jedem dieser Eigenfinanzierungsverträge eine Zufallsvariable: $\tilde{m}_1^\varepsilon = \left(\left|m_0^\varepsilon\right| \cdot \left(1 + \tilde{r}^e\right)\right)_1$. Die annahmegemäß streng positive Nettoertragsrate $r^{\hat{e}}$, welche an den Finanzmärkten des Rests der Welt determiniert wird, ist deshalb auch als mathematischer Erwartungswert der zugehörigen Zufallsvariable $\tilde{r}^e$ aufzufassen: $r^{\hat{e}} = E[\tilde{r}^e]$. Mit Hilfe der sich hier entwickelnden tauschvertraglichen Symbolik kann ein beliebiger dieser Anteilsverträge in folgender Weise formuliert werden:

$$FV_0^\varepsilon = FV_0^\varepsilon(m_0^\varepsilon \leftrightarrow m_1^\varepsilon) = FV_0^\varepsilon\left(m_0^\varepsilon \leftrightarrow \left(\left|m_0^\varepsilon\right| \cdot \left(1 + r^{\hat{e}}\right)\right)_1\right)$$

Hierbei steht m_1^ε für den mathematischen Erwartungswert von $\tilde{m}_1^\varepsilon$. Der betrachtete Vertrag sieht die Zahlung eines bestimmten Geldbetrages m_0^ε in $\tau = 0$ als Vorleistung und einer diametral laufenden Gegenleistung m_1^ε in $\tau = 1$ vor – letztere im Sinne einer zu erwartenden Dividende (nebst Liquidationserlös). Diese vertraglich in Aussicht gestellte Gegenleistung ergibt sich, absolut genommen, aus der Anwendung der erwarteten Bruttoertragsrate $1 + r^{\hat{e}}$ auf die Vorleistung. Kombiniert man also das Geldverwendungsmuster des Tauschs bei Finanzierungsverträgen (welches dem Wortlaut der Definition 3 nach zunächst einmal auf eine redundante ökonomische Aktivität hinzudeuten scheint) mit dem zeitlichen Grundmuster des Tauschs bei Finanzierungsverträgen nach Definition 2, so kommt man zu einem Tausch von „Frühgeld" gegen „Spätgeld" und damit zu einer jedenfalls potentiell durchaus sinnvollen Fügung. Um wiederum Doppelerfassungen zu vermeiden, sollen zum Zwecke der Summation nur Investitionen in Anteilsverträge betrachtet und die korrespondieren Finanzierungsmaßnahmen vernachlässigt werden: $m_0^\varepsilon < 0$, $m_1^\varepsilon > 0 \quad \forall \ \varepsilon = 1,...,\overline{\varepsilon}$. Der Gleichgewichtsbetrag an Geld e_0^*, der am Markt für Unternehmensanteile als drittem und in Abbildung 1 rechts oben dargestelltem Modellmarkt ausgelegt wird, kann damit in folgender Weise symbolisiert werden:

$$e_0^* = \sum_{\varepsilon=1}^{\bar{\varepsilon}} \left| m_0^\varepsilon \right|$$

Alternativ kann dieser Gleichgewichtsbetrag an Vorschüssen gegen Gewährung von Unternehmensanteilen aber auch über die zugehörige Gleichheit von aggregierter Nachfrage und aggregiertem Angebot erfasst werden. Nach Multiplikation mit dem Preis des Realkapitals resultiert die Nachfrage e_0^d des Unternehmenssektors nach Vorschüssen gegen Überlassung von Aktien aus seiner Realkapitalnachfrage. Über ihrem Definitionsbereich weist deshalb auch diese Nachfrage nach Vorschüssen eine vollkommene Elastizität bezüglich der erwarteten Nettoertragsrate $r^{\hat{e}}$ auf, welche bekanntlich auf den Finanzmärkten des Rests der Welt determiniert wird:

$$(10) \quad r^e\left(e_0^d\right) = r^e\left(k_0^d \cdot p^{\hat{k}}\right) = r^{\hat{e}} \quad \text{für} \quad 0 < e_0^d < \infty$$

Wechselt man sodann von der Nachfrage- zur Angebotskurve, sorgt der exogene Charakter der Nettoertragsrate auf Eigenfinanzierungsvorschüsse erneut für vollkommene Elastizität über dem zugehörigen Definitionsbereich:

$$(11) \quad r^e\left(e_0^s\right) = r^{\hat{e}} \quad \text{für} \quad 0 < e_0^s \leq p^{\hat{k}} \cdot \bar{k}$$

Für das Zusammenspiel des Realkapitalmarkts und des in Abbildung 1 rechts oben dargestellten Markts für Vorschüsse gegen Übernahme von Unternehmensanteilen wird hier von einem engen, quasi einem „Gestänge" ähnelnden Zusammenhang ausgegangen:

o Der potenzielle Realkapitalinput k_0^d ist für den Unternehmenssektor das Instrument zur MAXIMIERUNG SEINES ERWARTETEN GEWINNS. Seine Nachfrage e_0^d nach Vorschüssen gegen Gewährung von Unternehmensanteilen resultiert dann gemäß (10) mechanisch aus seiner Nachfrage nach Realkapital, indem letztere mit dem Preis des Realkapitals $p^{\hat{k}}$ multipliziert wird.

o Wie es bereits bei der Erläuterung von Beziehung (7) kurz angeschnitten wurde, läuft die Kausalität beim Haushaltssektor für dessen Realkapitalangebot genau umgekehrt: e_0^s, also seine von ihm gegen entsprechende Übernahme von Unternehmensanteilen angebotenen Vorschüsse, sind ein Instrument zur MAXIMIERUNG SEI-

NES ERWARTUNGSNUTZENS, und er wird sein Realkapitalangebot k_0^s dann aus e_0^s ableiten.

o Einen über den Bedarf aus der Finanzierung seines Realkapitals hinausgehenden Betrag an Eigenfinanzierungsvorschüssen wird der Unternehmenssektor nicht akzeptieren, da dieser unnötige Finanzierungskosten verursacht, die seinen erwarteten Gewinn reduzieren. Eigenfinanzierungsvorschüsse, deren Betrag das für die Finanzierung einer bestimmten Menge an Realkapital Notwendige unterschreitet, wird andererseits der Haushaltssektor nicht wünschen, da er hierdurch sein erwartetes finanzielles Einkommen auf ein suboptimales Niveau senkt. Es muss also $e_0^d(k_0^*) = e_0^s(k_0^*)$ gelten.

Im Systemverbund ergibt sich damit folgende Wirkungskette: Der Gleichgewichtsterminpreis für Output f^{y*} determiniert die zugehörige Menge an Realkapital $k_0^* = k_0^d(f^{y*})$, die der Unternehmenssektor zur Maximierung seines erwarteten Gewinns im Produktionsprozess einsetzen möchte. Aus dieser Realkapitalmenge leitet er den Betrag $e_0^d(k_0^*) = k_0^d(f^{y*}) \cdot p^{\hat{k}}$ ab, den er zur Finanzierung seines gewinnmaximierenden Inputs vom Haushaltssektor benötigt. Diesen Betrag an Eigenfinanzierungsvorschüssen wird der Haushaltssektor nicht unter-, der Unternehmenssektor nicht überschreiten, sodass der Eigenfinanzierungsmarkt geräumt ist. Aus diesem Betrag an Vorschüssen gegen Gewährung von Unternehmensanteilen leitet der Haushaltssektor dann sein korrespondierendes Realkapitalangebot $k_0^* = e_0^s(k_0^*)/p^{\hat{k}}$ ab mit der Folge, dass auch der Realkapitalmarkt geräumt ist.

Diese einem Gestänge ähnelnde Verknüpfung von Realkapital- und Eigenfinanzierungsmarkt leistet gemeinsam mit der monetär-finanziellen Rahmenvereinbarung den entscheidenden Beitrag dazu, dass im Bereich der expliziten Marktarchitektur eine systemweite Gleichgewichtslösung möglich wird, obwohl dieser Systembereich durch die Fixierung verschiedener Tauschverhältnisse a priori erheblich in seiner Bewegungsfreiheit eingeschränkt ist. Darüber hinaus liefert eine derart enge Verknüpfung beider Märkte vielleicht auch eine Antwort auf die Frage, wie die klassisch-neoklassische Nationalökonomie zu dem „janusköpfigen" Erscheinungsbild des Kapitals gelangt ist, wie es in Teil I dieser Untersuchung an Primärquellen belegt wurde. Alles in allem ist es ja schon bemerkenswert, dass für die Aufnahme unternehmerischer Aktivität selbst bei Beschränkung auf nur einen Produktionsfaktor realtypisch zwei Märkte zu beobachten sind, der Markt für Realkapital und der Markt für Unternehmensanteile.

2.6.4   Finanzmarkt für Staatsanleihen, Teil I

Im Gegensatz zu den Märkten für Realkapital, Output und Unternehmensanteile, die sich jeweils zwischen Unternehmenssektor und Haushaltssektor auftun, ist es am Markt für Staatsanleihen, welcher in Abbildung 1 rechts unten dargestellt wird, der Staat, der sich gegen Ausgabe fest verzinslicher, also dem Bereich der Fremdfinanzierung zuzuordnender Anleihen Vorschüsse gewähren lässt. Wie bei den Unternehmensanteilen ist es aber auch hier der Haushaltssektor, der diese Vorschüsse gewährt. Weitere Einzelheiten dieser klassischen Staatsschulden werden erst in Gliederungspunkt 4.2 dargestellt, da sie einige Grundsatzüberlegungen erforderlich machen, die zuvor nun in KAPITEL 3 angestellt werden.

3.   Äußere Finanzierungsverträge

3.1   Banknoten

In sinngemäßer Übertragung der Definition 2 (c) auf die beiden äußeren Modellzeitpunkte möge gelten, dass die einzigen Verträge, die im Vergangenheitszeitpunkt $\tau = -1$ abgeschlossen werden, Finanzierungsverträge sind, da auch bei ihnen Vorleistung und Gegenleistung zeitlich auseinanderfallen. Sie unterscheiden sich von den inneren Finanzierungsverträgen aus Definition 2 (c) jedoch in verschiedenen Punkten, und zwar insbesondere durch ihre lange Laufzeit, da bei ihnen die Gegenleistung erst im fernen Zukunftszeitpunkt $\tau = 2$ fällig wird.

DEFINITION 4   Ein ÄUßERER FINANZIERUNGSVERTRAG FV_{-1} ist ein Tauschvertrag, der im Vergleich zu den inneren Finanzierungsverträgen aus Definition 2 (c) folgende Besonderheiten aufweist: (a) Sein Abschluss erfolgt bereits in $\tau = -1$. (b) Seine Laufzeit beträgt drei Perioden. Die Vorleistung ist noch in $\tau = -1$ fällig, während die Gegenleistung erst in $\tau = 2$ zu erbringen ist. (c) Seine Gegenleistung umfasst keinen Zins, sie besteht alleine aus Tilgung. (d) Sein Geldverwendungsmuster lautet Gold gegen Gold (eine Sonderform des GVM0).

Da äußere Finanzierungsverträge nach Definition 4 die Verwendung von Geld als Vertragsbestandteil überhaupt nicht vorsehen, ist ihr Geldverwendungsmuster singulär: Durch die alleinige Verwendung des Gutes Gold als Vertragsbestandteil handelt es sich dabei um eine Sonderform des GVM0. Von den ebenfalls durch das GVM0 gekennzeichneten Kassaverträgen des reinen walrasianischen Paradigmas unterscheiden sie sich aber immer noch durch ihr zeitliches Auseinanderfallen von Vorleistung und Gegenleistung. Zur Schöpfung der äußeren Finanzierungsverträge hinterlegt der Haushaltssektor in $\tau = -1$ seine Anfangsausstattung mit Gold bei der Zentralbank, welches in $\tau = 2$ in gleicher Menge von der Behörde zurückzuerstatten ist. Insgesamt werden $\gamma = 1,...,\bar{\gamma}$ dieser äußeren Finanzierungsverträge abgeschlossen, wobei sich ein beliebiger von ihnen wie folgt symbolisieren lässt:

$$FV_{-1}^{\gamma} = FV_{-1}^{\gamma}(q_{-1}^{\gamma} \leftrightarrow q_{2}^{\gamma})$$

Um wiederum Doppelerfassungen zu vermeiden, soll zum Zwecke der Summation nur die Perspektive der Gold hinterlegenden Haushalte eingenommen und die der annehmenden Zentralbank vernachlässigt werden: $q_{-1}^{\gamma} < 0$, $q_{2}^{\gamma} > 0$ $\forall$ $\gamma = 1,...,\bar{\gamma}$. Da diese äußeren Finanzierungsverträge definitionsgemäß keinen Zins tragen und zu pari getilgt werden, ist das Tauschverhältnis zwischen frühem und spätem Gold identisch eins ("eine frühe Feinunze gegen eine späte Feinunze" oder ähnlich). Ein Symbol für das zugehörige Tauschverhältnis dürfte deshalb hier entbehrlich sein. Da der Haushaltssektor keinerlei Gold zurückbehält, ist im Übrigen sogar die folgende Gleichungskette gültig:

$$\sum_{\gamma=1}^{\bar{\gamma}} \left|q_{-1}^{\gamma}\right| = \sum_{\gamma=1}^{\bar{\gamma}} q_{2}^{\gamma} = \bar{g}$$

3.2 Kopplung

Dem Geld werden in der Literatur verschiedene Funktionen[92] zugesprochen. Neben den in Teil I bereits angesprochenen Funktionen der Recheneinheit und des allgemeinen Tauschmittels umfasst dieser Katalog die Funktionen der Wertaufbewahrung und des ge-

---

[92] Vgl. *Goodhart* (1989), S. 25-29; *Kath* (1992), S. 178f.

setzlichen Zahlungsmittels. Die äußeren Finanzierungsverträge aus Definition 4 seien nun im Lichte dieses Vierklangs der Funktionen analysiert.

- Für den Abschluss äußerer Finanzierungsverträge spricht alleine schon ihr besonderes Eigenschaftsprofil hinsichtlich der WERTAUFBEWAHRUNG, die sie aufgrund ihres zeitlichen Auseinanderfallens von Vorleistung und Gegenleistung nur auf den ersten Blick in gleicher Weise ausüben wie die inneren Finanzierungsverträge nach Definition 2 (c). Auf den zweiten weisen sie im Vergleich zu den inneren nämlich eine deutlich längere Laufzeit auf, sodass sie auch ihre Wertaufbewahrungsfunktion deutlich länger ausüben können. Ihre Tilgung wird zudem durch den Staat vertraglich zugesichert, der seinerseits das exklusive Recht der Erhebung von Steuern hat. Da seine Steuereinnahmen wegen Beziehung (2) im Gleichgewicht stets in ausreichender Höhe anfallen, wird die Fähigkeit des Staates zur Tilgung seiner Zentralbanknoten von daher in keiner Weise beeinträchtigt. Zudem erfolgt diese Tilgung in Gold und damit dem einzigen dauerhaften Gut, das aus Sicht der die Verträge abschließenden Haushalte unmittelbar einen Nutzen stiftet. Im Gegensatz zum ebenfalls dauerhaften Realkapital steht die Haltung von Gold aus Sicht der Haushalte ferner nicht für eine Stilllegung von potenziellem Input in die Produktion. Gleichwohl sprechen für die zwischenzeitliche Deponierung des Goldes und damit die Schaffung konvertibler Zentralbanknoten im Vergleich zur Eigenverwahrung des Edelmetalls die bereits in Teil I erörterten Aspekte der verbesserten Teilbarkeit, der leichteren Transportierbarkeit und der vollendeten Homogenität.

- Die Befähigung zur Wertaufbewahrung ist eine notwendige, nicht jedoch schon hinreichende Eigenschaft eines ALLGEMEINEN TAUSCHMITTELS. Neben ihren besonderen Wertaufbewahrungseigenschaften spricht für die Verwendung der konvertiblen Zentralbanknoten als Geld jedoch auch, dass der Staat ihre Erkennbarkeit durch anspruchsvolle Drucktechnik und ein hoheitlich sanktioniertes Fälschungsverbot noch deutlich erhöhen kann. Aus diesen Gründen wird in dieser Untersuchung von nun an auch davon ausgegangen, dass die Zentralbanknoten das allgemeine Tauschmittel im Geltungsbereich der expliziten Marktarchitektur sind.

- Ordnungspolitisch kann der Staat den Status der Zentralbanknoten als allgemeines Tauschmittel noch dadurch verstärken, dass er sie qua Annahmezwang zum GESETZ-

LICHEN ZAHLUNGSMITTEL erklärt und zudem Steuerzahlungen nur noch in solch monetärer Form akzeptiert. Auch wenn diese Heraufstufung für die Zentralbanknoten nach Definition 4 mit Blick auf die Modellmechanik nicht zwingend erforderlich ist, mag der Leser die äußeren Finanzierungsverträge im Folgenden durchaus auch als gesetzliches Zahlungsmittel auffassen.

- Alle inneren Tauschverträge nach Definition 2 folgen entweder dem Geldverwendungsmuster I (Realkapital und Output) oder dem Geldverwendungsmuster II (Unternehmensanteile, Staatsanleihen). Deshalb ist Geld, und nur Geld, der Vertragsbestandteil, der ihnen allen gemein ist. Zudem ist Tausch die ökonomische Grundaktivität, in der sich jeder Sektor engagiert. Aus diesem Grunde erscheint es sachdienlich (wenn auch nicht zwingend erforderlich), die Dimension der Zentralbanknoten als RECHENEINHEIT zu verwenden. Auch dies mag der Leser sich im Folgenden so vorstellen.

Sobald nun aber die Zentralbanknoten, bei denen es sich ja um äußere Finanzierungs- und damit um Tauschverträge handelt, zum allgemeinen Tauschmittel und damit zu (jeweils mindestens!) einem Vertragsbestandteil der inneren Tauschverträge geworden sind, ist es offensichtlich auch zu einer Kopplung von Tauschverträgen gekommen, wie sie in Teil I dieser Untersuchung bereits skizziert wurde und nun abschließend definiert wird:

DEFINITION 5   KOPPLUNG beschreibt das Phänomen, dass ein Tauschvertrag zum Vertragsbestandteil eines anderen Tauschvertrages wird.

Es lohnt sich festzustellen, dass das Phänomen der Kopplung problemlos in die bis hierhin entwickelte tauschvertragliche Symbolik integriert werden kann. Für einen repräsentativen der vorgenannten frühen Kassaverträge in Realkapital beispielsweise spiegelt sie sich nachfolgend in dem Ausdruck nach dem zweiten Gleichheitszeichen wider:

$$KV_0^\kappa = KV_0^\kappa(m_0^\kappa \leftrightarrow p^{\hat{k}} \cdot q_0^\kappa) = KV_0^\kappa((FV_{-1}^\gamma)_0^\kappa \leftrightarrow p^{\hat{k}} \cdot q_0^\kappa)$$

Da der "nicht gekoppelte" Ausdruck zwischen dem ersten und dem zweiten Gleichheitszeichen weniger komplex ist, wird er gleichwohl die Alternative der Wahl in dieser Untersuchung bleiben. Neben der Verwendung äußerer Finanzierungsverträge als Geld kann man im Wirtschaftsleben noch weitere Kopplungsphänomene beobachten – beispielsweise am Sekundärmarkt Börse, an dem (wie bereits kurz in Teil I erwähnt) "alte" Finanzierungsverträge (zuvor am Primärmarkt geschöpfte Aktien und Anleihen) zum Gegenstand sekundärer Tauschvorgänge (durch Wechsel des jeweiligen Inhabers des Wertpapiers) werden. Um es klar zu sagen: Kassaverträge können nicht zum Gegenstand der Kopplung werden, da ihnen das Zeitmoment abgeht. Zum Zeitpunkt ihres Vertragsabschlusses sind sie faktisch bereits abgelaufen. Terminverträge hingegen können grundsätzlich wie Finanzierungsverträge zum Objekt der Kopplung werden, und sie werden es im praktischen Wirtschaftsleben auch tatsächlich. Da das terminvertragliche Tauschmuster jedoch nicht durch ein zeitliches Auseinanderfallen von Leistung und Gegenleistung gekennzeichnet ist, taugen sie nicht so recht als Wertaufbewahrungsmittel und können deshalb auch nur schlecht als allgemeines Tauschmittel implementiert werden. Unterstellt man nun ferner, dass ein jeder der vorhandenen äußeren Finanzierungsverträge als Geld verwendet wird, wird folgende Gleichungskette gültig:

$$\sum_{\gamma=1}^{\bar{\gamma}} FV_{-1}^{\gamma}\left(q_{-1}^{\gamma} \leftrightarrow q_{2}^{\gamma}\right) = m_0 = m_1 = m$$

Die Abschlüsse äußerer Finanzierungsverträge bestimmen also in ihrer Gesamtheit die Geldmenge m_0, die für den Abschluss innerer Tauschverträge in $\tau = 0$ zur Verfügung steht, und das Gleiche gilt für den Betrag an Geld m_1, der in $\tau = 1$ disponibel ist. Offensichtlich sind beide Beträge gleich groß, sodass eine zeitliche Indexierung insofern nicht nötig ist und auch einfach nur m geschrieben werden kann. Wie bereits erwähnt wurde, kann man die Dimension der Geldmenge („Euro", „Dollar" etc.) gut als ökonomieweit verwendete Recheneinheit auffassen. Der Gleichgewichtsterminpreis f^{y*} etwa steht dann für dasjenige in der Gegenwart vereinbarte und in der nahen Zukunft gültige Tauschverhältnis zwischen einer bestimmten Menge an Output und einem bestimmten Betrag an äußeren Finanzierungsverträgen, welches auf der Grundlage von Erwartungen den Markt für Output räumt. Hier wird nun auch der Kassapreis des Goldes $p^{\hat{g}}$ zu einem aussagevollen Konzept. Er entstammt dem nur implizit gegebenen Rest der Welt und hat so exogenen Charakter. Er ist annahmegemäß streng positiv und bestimmt das Tauschverhältnis zwischen Betragseinheiten an äußeren Finanzierungsverträgen einerseits und einer bestimmten Menge an Gold andererseits. Auch wenn es in der Geldgeschichte zu beobachten war, dass Banknoten unter oder auch über pari gehandelt wurden, möge ihr Tauschverhältnis in dieser Untersuchung zu pari stehen, sodass sich schließlich die folgende, noch einmal verlängerte Gleichungskette ergibt:

$$\sum_{\gamma=1}^{\bar{\gamma}} FV_{-1}^\gamma \left(q_{-1}^\gamma \leftrightarrow q_2^\gamma \right) = m_0 = m_1 = m \stackrel{!}{=} p^{\bar{g}} \cdot \overline{g}$$

4. Multiples Tauschgleichgewicht und Bilanz

4.1 Multiples Tauschgleichgewicht

Mit Kassaverträgen (Realkapital), Terminverträgen (Output) und Finanzierungsverträgen (Unternehmensanteile, Staatsanleihen) sind nun alle drei zeitlichen Tauschschemata der Definition 2 in die explizite Modellarchitektur eingegangen. Deshalb kann diese jetzt als Arrangement für ein multiples Tauschgleichgewicht im Sinne der nachfolgenden Definition angesehen werden:

DEFINITION 6 MULTIPLES TAUSCHGLEICHGEWICHT ist systemweites, also an allen Märkten vorherrschendes Gleichgewicht, wenn sämtliche zeitlichen Tauschschemata gemäß Definition 2 involviert sind.

Die beim multiplen Tauschgleichgewicht hinzutretenden zeitlichen Tauschschemata des Finanzierungs- und des Terminvertrages sind Variationen über das Ausgangsthema der Kassatransaktion, welche dem reinen walrasianischen Paradigma alleine das Gepräge gibt. Die auf einen Zeitpunkt komprimierte zeitliche Dimension der walrasianischen Analyse erlaubt ja tauschbezogen nur Kassa- und verhindert Finanzierungs- und Termintransaktionen. Aber alleine durch den Einschluss eines zweiten Modellzeitpunkts können standardmäßige Finanzierungstransaktionen immer noch nicht realistisch abgebildet werden. Vielmehr muss hierzu auch das Geldverwendungsmuster II integriert werden. Das walrasianische System geht von getauschten Gütern statt von Tauschverträgen aus – und die letzteren sehen Güter nur dann als Vertragsbestandteil vor, wenn sie den Geldverwendungsmustern 0 (beide Vertragsbestandteile haben Güterform) oder I (ein Vertragsbestandteil hat Güterform) folgen, nicht aber im Falle des Geldverwendungsmusters II. In diesem Zusammenhang ist die Beobachtung wichtig, dass der Output, der in der hier betrachteten Modellökonomie auf Terminbasis umgesetzt wird, grundsätzlich auch durch späte Kassatransaktionen in Tauschbewegung versetzt werden könnte (auch wenn dies eine bedingte Modellbetrachtung erforderlich machen würde). Der wesentlichere Aspekt des multiplen Tauschs im Vergleich zum Walrasianischen Paradigma ist in dieser Untersuchung vielmehr die Hinzufügung der Finanzierungstransaktionen. Finanzierungsverträge sind nicht nur ein beachtliches soziales Phänomen, das Zukunftseinkommen aus heutigen Vorschüssen im Rahmen des Möglichen rechtlich absichert. Sie sind auch wichtig für ein gleichgewichtsorientiertes Verständnis der Bilanz (bzw. ein bilanzorientiertes Verständnis des Gleichgewichts).

4.2 Klassische Staatsschulden (Finanzmarkt für Staatsanleihen, Teil II)

Im Gegensatz zu den Zentralbanknoten sind klassische Staatsschulden innere Finanzierungsverträge im Sinne der Definition 2. Darüber hinaus sind die Staatsanleihen im Gegensatz zu den Banknoten verzinslich. Noten wie auch Anleihen entstehen aber gleichermaßen durch die bereits angesprochene, in $\tau = -1$ abgeschlossene, monetär-finanzielle Rahmenvereinbarung zwischen privatem Sektor und Staat. Da Output und somit auch Steuereinnahmen erst in $\tau = 1$ generiert werden können, verhindert dieses Agreement die Insolvenz des Staates im Zeitpunkt $\tau = 0$. Im Einzelnen sieht die einer Währungsreform nicht unähnliche Vereinbarung Folgendes vor:

- Die Emission von $\beta = 1,...,\overline{\beta}$ NEUEN STAATSANLEIHEN, für die die Zeichner eine Vorleistung in Höhe von $b_0^s\left(r^{\hat{b}}\right)$ erbringen, also in Höhe ihres Angebots an Vorschüssen gegen Übernahme von Staatsanleihen, das sich ohne die Vereinbarung zu dem Zinssatz ergäbe, wie er auf den Finanzmärkten im Rest der Welt vorherrscht.

- Die Hinterlegung der gesamten Erstausstattung des Haushaltssektors mit Gold $\overline{g}$ bei der Zentralbank gegen Ausgabe der ZENTRALBANKNOTEN. Nur zu Bewertungszwecken wird das hinterlegte Gold dann unverzüglich an den Rest der Welt verkauft und sogleich von dort wieder zurückgekauft, sodass es sich bei beiden Transaktionen noch um frühe Kassaverträge handelt.

- Die Verwendung der Zentralbanknoten als GELD, also als allgemeines Tauschmittel.

- Die Rückzahlung der alten, bereits in der Vorzeit des Modells entstandenen Staatsschulden, und zwar nicht im Originalbetrag von $\overline{b}_0$, sondern vielmehr im UMGE-SCHULDETEN Betrag von

$$(12) \quad b_0^A = b_0^s\left(r^{\hat{b}}\right)$$

und damit in Höhe des Erlöses aus der Emission der neuen Staatsanleihen.

Im Zeitpunkt $\tau = 0$ lautet die Budgetgleichung des Staates damit:

$$(13) \quad b_0^A + p^{\hat{g}} \cdot \overline{g} = b_0^s\left(r^{\hat{b}}\right) + p^{\hat{g}} \cdot \overline{g}$$

Aufgrund seiner wegen (2) mit Sicherheit ausreichenden Steuereinnahmen ist der Staat im Gleichgewicht in der Lage, die Rückzahlung seiner Staatsanleihen in $\tau = 1$ verlässlich zu gewährleisten. Im Gegensatz zu den Unternehmensanteilen ist deshalb für die Abbildung der Rückzahlung der Staatsanleihen auch kein Erwartungsansatz nötig. Vielmehr muss die Nettoertragsrate auf die Unternehmensanteile im Lichte der risikoaversen Grundeinstellung der Haushalte, die sich weiter unten auch in ihrer streng konkaven Risikonutzenfunktion widerspiegelt, eine Risikoprämie gegenüber dem Nettozinssatz auf die Staatsanleihen beinhalten. Zusammen mit den Überlassungskosten des Realkapitals, nun bezogen auf eine infinitesimale Einheit Eigenfinanzierung zu konstanter Rate l möge deshalb die folgende Ungleichungskette gelten:

$$r^{\hat{e}} > r^{\hat{e}} - l > r^{\hat{b}} > l > 0$$

In tauschvertraglicher Symbolik kann eine repräsentative der neuen Staatsanleihen folgendermaßen zum Ausdruck gebracht werden:

$$FV_0^\beta = FV_0^\beta\left(m_0^\beta \leftrightarrow m_1^\beta\right) = FV_0^\beta\left(m_0^\beta \leftrightarrow \left(\left|m_0^\beta\right| \cdot \left(1 + r^{\hat{b}}\right)\right)_1\right)$$

Um auch an dieser Stelle Doppelerfassungen zu vermeiden, sollen zum Zwecke der Summation nur die Finanzinvestitionen des Haushaltssektors berücksichtigt und die korrespondierenden Finanzierungsmaßnahmen des Staates vernachlässigt werden: $m_0^\beta < 0$, $m_1^\beta > 0 \ \forall \ \beta = 1,...,\overline{\beta}$. Der Markt für Staatsanleihen ist der letzte der vier die explizite Modellarchitektur bildenden Märkte. In Abbildung 1 wird er rechts unten dargestellt. Der Gleichgewichtsbetrag b_0^*, den die Haushalte dort gegen Übernahme der Anleihen vorschießen, kann einerseits durch Summation über die zugehörigen Verträge ermittelt werden:

$$b_0^* = \sum_{\beta=1}^{\overline{\beta}} \left| m_0^\beta \right|$$

Andererseits wird der Gleichgewichtsvorschuss gegen Ausgabe von Staatsanleihen auch durch das zugehörige gemeinsame Element von Angebot und Nachfrage determiniert. Aufgrund des exogenen, den Finanzmärkten im Rest der Welt entstammenden Charakters des Nettozinssatzes auf Staatsanleihen r^b muss die aggregierte Angebotskurve für Vorschüsse gegen Staatsanleihen vollkommen elastisch über ihrem Definitionsbereich ausfallen. Letzterer wiederum wird sich innerhalb des nachfolgenden Kalküls für die Erwartungsnutzenmaximierung als von oben und von unten beschränkt erweisen:

(14) $\quad r^b = r^b\left(b_0^s\right) = r^b \quad$ für $\quad \underline{b}_0^s \leq b_0^s \leq \overline{b}_0^s$

Mit dem Wechsel zur Nachfrage ist zu konstatieren, dass die monetär-finanzielle Rahmenvereinbarung, genauer gesagt deren Umschuldungskapitel, den Staat insofern zu mengenanpassendem Verhalten verpflichtet: Er hat gegen entsprechende Gewährung von Staatsanleihen exakt den Betrag an Vorschüssen nachzufragen, den die Haushalte zum exogenen Nettozinssatz anzubieten wünschen. Die aggregierte Nachfragekurve für Vorschüsse gegen Staatsanleihen muss deshalb ebenfalls vollkommen elastisch ausfallen und zudem ihren Definitionsbereich mit dem des Angebots teilen:

(15) $\quad r^b = r^b\left(b_0^d\right) = r^b \quad$ für $\quad \underline{b}_0^s \leq b_0^d \leq \overline{b}_0^s$

Am Markt für Staatsanleihen läuft über das durch die monetär-finanzielle Rahmenvereinbarung angestoßene, mengenanpassende Verhalten des Staates also eine Kausalität von einem bestimmten Angebots- zu einem bestimmten Nachfragebetrag. Diese reflektiert die fundamentale Bedeutung der monetär-finanziellen Rahmenvereinbarung für die Existenz eines multiplen Tauschgleichgewichts innerhalb der expliziten Marktarchitektur. Gemeinsam mit der oben beschriebenen, einem Gestänge ähnelnden Verbindung von Realkapitalmarkt und Anteilsmarkt kompensiert sie in vielerlei Hinsicht die Konsequenzen der hier unterstellten Rigidität dreier Tauschverhältnisse.

4.3 Pauschalsteuern

Die in $\tau = 1$ anfallenden Steuereinnahmen des Staates werden durch $\nu = 1,...,n$ Lump Sum Steuern, also von jeglicher Bemessungsgrundlage unabhängige Pauschalsteuern, die jeweils einem der n Unternehmen in konstanter Höhe von jeweils $t_1^v = t_1/n$ auferlegt werden, generiert. Auch hier wird der entsprechende Gleichgewichtsbetrag, der für ein ausgeglichenes Budget des Staates sorgt, durch ein Sternchen markiert: $t_1^{v*} = t_1^*/n$. Aus Gründen einer konsistenten Rechnungslegung, die weiter unten näher dargelegt wird, soll jeder zugehörige Steuerbescheid als in $\tau = 0$ „kontrahierter" Finanzierungsvertrag aufgefasst werden, der eine Vorleistung in Höhe von Null vorsieht:

$$FV_0^v = FV_0^v\left(0 \leftrightarrow t_1^{v*}\right) \; ; \quad \sum_{v=1}^{n} t_1^{v*} = t_1^*$$

4.4 Vermögen

Aufgrund seines rein frühen Kassacharakters ist es nur natürlich, wenn sich ein in der Tradition des reinen walrasianischen Paradigmas stehendes Modell auf die Erklärung laufender Größen konzentriert und Ansprüchen für die Zukunft (und damit Vermögen) einen exogenen Charakter beilegt – wenn es sie überhaupt vorsieht. Im Gegensatz dazu bereitet die nun folgende Definition 7 Analysen vor, die – wie diese Theorie der Tauschverträge – zusätzlich auch Finanzierungs- und Termintransaktionen explizit vorsehen:

DEFINITION 7 (a) Das VERMÖGEN einer rechnungslegenden Einheit ist der Gegenwartswert ihrer für die Zukunft aus Tauschverträgen resultierenden Ansprüche.
(b) Das REINVERMÖGEN einer rechnungslegenden Einheit ist der Überschuss ihres Vermögens gemäß lit. a über den Gegenwartswert ihrer für die Zukunft aus Tauschverträgen resultierenden Verpflichtungen.

4.5 Bilanz

4.5.1 Gegenwartswert und Anschaffungskosten als fundamentale Wertansätze

Das in Definition 7 in Bezug genommene Konzept des Gegenwartswertes vergleicht eine Zahlungsreihe mit einer wohl definierten Alternative. Zur Operationalisierung solcher Alternativen wird deshalb der implizit über seine resultierenden Tauschverhältnisse gegebene vierte Sektor, der Rest der Welt, nun bedeutender:

- Im Zeitpunkt $\tau = 0$ sind dort sowohl Aufnahmen als auch Gewährungen beliebig hoher finanzieller Vorschüsse möglich, und zwar

    (i) bei risikofreier Gegenleistung zum Nettozins $r^{\hat{b}}$ und

    (ii) bei risikobehafteter Gegenleistung zur erwarteten Nettoertragsrate $r^{\hat{e}}$.

    Für eine gegebene Rate $r^{\hat{e}}$ sind hierbei Zu- und Abflüsse von Vorschüssen gegen Unternehmensanteile in der Lage, das interne und das externe Niveau der Ertragsraten anzugleichen. Ein ähnlicher Zusammenhang möge für den Zins $r^{\hat{b}}$ bei den Staatsanleihen gelten. Durch diese Arbitragemechanismen wird das Konzept des Gegenwartswertes auf der Grundlage exogener Kalkulationszinsfüße auch innerhalb der expliziten Modellarchitektur anwendbar.

- Neben der Begebung von Unternehmensanteilen und Staatsanleihen sind mit dem Rest der Welt Kassakäufe und -verkäufe von Gold zum Preis $p^{\hat{g}}$ möglich, jedoch nur in $\tau = 0$ und nicht in $\tau = 1$. Dieser Sachverhalt ist nicht mehr für die Operationalisierung des Gegenwartswertkonzeptes von Bedeutung, sondern vielmehr für die anschaffungskostenbasierte Bewertung der Goldbestände. Bei den anderen Gütern des Modells, also Realkapital und Output, lassen sich die jeweiligen Anschaffungskosten hingegen mit Blick auf den zugehörigen Markt innerhalb der expliziten Marktarchitektur abgreifen.

4.5.2 T-Struktur

Das Konzept des Gegenwartswerts ist für die betrachtete Modellökonomie damit funktionsfähig. Und auf dieser Grundlage sind auch die Konzepte Vermögen und Reinvermögen damit operabel. Im nächsten Schritt gibt die Bilanz der Vermögensermittlung im Systemverbund nun inhaltlich und formal eine Struktur.

DEFINITION 8   Die BILANZ einer rechnungslegenden Einheit stellt die Gegenwartswerte ihrer für die Zukunft aus Tauschverträgen resultierenden Ansprüche auf der Aktivseite den Gegenwartswerten ihrer für die Zukunft aus Tauschverträgen resultierenden Verpflichtungen und ihrem Reinvermögen auf der Passivseite gegenüber.

Für Ökonomen liegt es zunächst nahe, sich und anderen die Bilanz als das übliche T-

Konto zu veranschaulichen. In dieser eher mathematisch-formal operierenden Untersuchung dürfte dies aber alleine schon aus drucktechnischen Gründen etwas unglücklich wirken. In sinngemäßer Fortführung der kontrastierenden T-Denkweise soll eine eventuelle Gleichheit von aktivischer und passivischer Bilanzsumme im Sinne der Definition 8 hier vielmehr durch ein Symbol in Form eines stilisierten T-Kontos T (welches „ist bilanzgleich mit" ausgesprochen wird) signalisiert werden. Dieses Symbol transportiert insofern mehr Information als ein gewöhnliches Gleichheitszeichen, als die Entsprechung nicht für beliebig ermittelte Zahlen, sondern lediglich für Gegenwartswerte gilt. Andererseits ist es im Gegensatz zum konventionellen Gleichheitszeichen beispielsweise nicht möglich, auf beiden Seiten eine beliebige Größe zu addieren oder zu subtrahieren, ohne den Aussagegehalt der Entsprechung wieder zu reduzieren.

4.5.3 Komplementarität

Im Zuge seiner wissenschaftlichen Entwicklung hat der wirtschaftstheoretische Begriff der Komplementarität sein Erscheinungsbild verändert. Wie bereits in <u>Teil I</u> dieser Untersuchung dargelegt wurde, verbindet man mit ihm vom Ursprung her die selbsterklärende Vorstellung, bestimmte Güter ergänzten sich wechselseitig in sinnvoller Weise (wie Brot und Butter) oder gehörten sogar notwendig zusammen (wie Kraftfahrzeug und Treibstoff).[93] Der Übergang von der Klassik zur Neoklassik scheint dann aber auch in diesem Kontext nach einer mathematischen Operationalisierung des Sachverhalts gerufen zu haben. Jedenfalls ist es heute üblich, Komplemente über eine negative Kreuzpreiselastizität zu definieren[94]: Steigt etwa der Preis des Treibstoffs, so erscheint es ja zunächst auch plausibel, dass die Nachfrage nach Kraftfahrzeugen wegen ihrer dann höheren Betriebskosten sinkt. Problematisch kann es allerdings werden, wenn eines der betrachteten Güter ein Giffensches ist[95]: Für das Brot etwa wird aufgrund seiner Eigenschaft als Grundnahrungsmittel bisweilen unterstellt, ein Anstieg seines Eigenpreises führe nicht zu dem an sich normalen Rückgang der nachgefragten Eigenmenge. Die Haushalte übersetzten in diesem Fall vielmehr ihre durch den höheren Brotpreis induzierte Einbuße an Realeinkommen in eine Reduktion ihrer Nachfrage nach Gütern des gehobenen Bedarfs, die wie-

---

[93] Vgl. *Edgeworth* (1925/1962), S. 117, Fn. 3; *Pareto* (1927), S. 252.
[94] Vgl. *Gabisch* (1992), S. 21f.
[95] Vgl. *ebd.*, S. 21f.

derum einem Anstieg der Nachfrage nach Grundnahrungsmitteln wie eben Brot den Weg bereitet. Entsprechend kann sich für einander ergänzende Güter wie Brot und Butter und damit für Komplemente im klassischen Sinne durchaus ab und an auch einmal eine positive Kreuzpreiselastizität ergeben.

Die eingangs dieses Teils II in Bezug genommene Debatte über die Substitutionshypothese macht im Übrigen deutlich, dass das Konzept der Komplementarität in der Wirtschaftstheorie heute nicht mehr nur auf Güter angewendet wird, sondern auch auf die den Vektor der Tauschobjekte erweiternden Financial Assets, wobei abermals das Konzept der Kreuzpreiselastizität sinngemäß zur Anwendung kommt.[96]

Unabhängig vom Ansatz über Kreuzpreiselastizitäten hat demgegenüber *Leontief* produktionsseitig eine alternative Operationalisierung der Komplementarität entwickelt, die Limitationalität.[97] Basierend auf einer empirischen Untersuchung der US-Wirtschaft stellte er zwischen Produktionsfaktoren fixe Verhältnisse fest, welche man sich paarweise auch durch rechteckige Isoquanten veranschaulichen kann. Da dann jegliche Möglichkeit der Faktorsubstitution entfällt, handelt es sich um Komplementarität in einer besonders ausgeprägten Form. Derartige Limitationalität ist hinreichend für Komplementarität im ursprünglichen Sinne gegenseitiger Ergänzung oder gar Notwendigkeit. Bilanzgleichheit gemäß Definition 8 stellt ihrerseits eine besonders ausgeprägte Form von Limitationalität dar, da bei ihr Aktiva und Passiva nicht in irgendeinem fixen Verhältnis, sondern im fixen Verhältnis von eins zueinander stehen. Und auch wenn diese Bilanzgleichheit von Gegenwartswerten typischerweise für eine gleichgewichtig-konsistente Bewertung von finanzierungsvertraglichen Ansprüchen und Verpflichtungen an unterschiedlichen Märkten steht, können doch auch außerhalb eines solchen Gleichgewichts einzelne Aktiva in der zugehörigen Gegenüberstellung grundsätzlich nicht durch einzelne Passiva substituiert werden – und umgekehrt.

4.5.4 Bilanzierungsstandards

Die folgenden Bilanzierungsstandards konkretisieren die Effekte der verschiedenen Tauschverträge aus den Definitionen 2 und 4 auf eine gemäß Definition 8 aufgestellte Bi-

---

[96] Vgl. *Royama/Hamada* (1967), S. 33
[97] *Leontief* (1941/1960), S. 38.

lanz:

(a) Ein FRÜHER KASSAVERTRAG KV_0 ist zum Zeitpunkt seines Abschlusses bereits "vorbei" und kann deshalb unmittelbar weder späte Ansprüche noch späte Verpflichtungen induzieren. Früh per Kassa gekaufte dauerhafte Güter sind dennoch von Bedeutung, wenn auch von mittelbarer. Wenn sie als Input in die Produktion eingehen, verkörpern sie die späten Gewinne, die durch sie erwartungsgemäß erzielt werden. Werden Sie stattdessen als Handelsware vorgehalten, verkörpern sie die späte Handelsspanne, die durch ihren Wiederverkauf voraussichtlich erzielt werden kann. Der Gegenwartswert dieser späten Überschüsse ist deshalb zu aktivieren. Die frühen Anschaffungskosten per Kassa dienen als bester Schätzer für sie (Anschaffungskostenprinzip).

(b) Ein TERMINVERTRAG TV_0 wird die rechnungslegende Einheit in doppelter Weise spät berühren, nämlich in Form der Leistung und der Gegenleistung. Ein Terminverkauf beispielsweise induziert einen späten Abgang des zugehörigen Gutes in Kombination mit einem späten Zugang von Geld. Im Falle eines Terminkaufs liegen die Dinge gerade entgegengesetzt. Da die Zahlung in beiden Fällen dem Marktwert entspricht, werden sich Zu- und Abgänge wertmäßig genau entsprechen. Nach Saldierung ist der Vertrag deshalb im Zeitpunkt $\tau = 1$ und entsprechend auch im Zeitpunkt $\tau = 0$ auf der Ebene des Gegenwartswertes bedeutungslos.

(c) Die Gegenleistung aus einem inneren FINANZIERUNGSVERTRAG FV_0 oder einem äußeren Finanzierungsvertrag FV_{-1} ist mit ihrem Gegenwartswert anzusetzen. Handelt es sich um eine Forderung, so ist der Gegenwartswert zu aktivieren; handelt es sich um eine Verbindlichkeit, so ist er zu passivieren.

(d) Ein SPÄTER KASSAVERTRAG KV_1 wird die rechnungslegende Einheit doppelt berühren, über späte Leistung und späte Gegenleistung. Ein später Kassaverkauf etwa induziert einen späten Abgang des zugehörigen Gutes mit einem späten Zugang von Geld. Bei einem späten Kassakauf liegen die Dinge genau umgekehrt. Da die Zahlung in beiden Fällen exakt den Anschaffungskosten entspricht, werden sich Zu- und Abgang wertmäßig genau entsprechen. Nach Saldierung ist der

Vertrag deshalb in $\tau = 1$ ohne Bedeutung und, wie ein Terminvertrag, in $\tau = 0$ auf der Ebene des Gegenwartswertes ebenfalls bedeutungslos. Etwaige Unsicherheiten darüber, ob späte Kassaverträge überhaupt abgeschlossen werden, sind deshalb erst recht nicht von Bedeutung.

4.6 Optimierung und Budgetausgleich

4.6.1 Maximierung des Gewinns und seiner Ausschüttung durch den Unternehmenssektor

a) Grundsatzbetrachtung

Die erwartete Gegenleistung e_1, die in $\tau = 1$ von den Unternehmen auf die ausgegebenen Anteile und damit an die Haushalte ausgeschüttet wird, besteht aus dem kompetitiven Minimum e_1^{min} und dem erwarteten Gewinn π_1 (bei letzterem handelt es sich um den mathematischen Erwartungswert des Gewinns $\tilde{\pi}_1$, welcher in $\tau = 0$ aufgrund des stochastischen Charakters der Produktion von Output eine Zufallsvariable ist). Wie erwähnt deckt der Unternehmenssektor seine Käufe von Realkapital k_0 zum Kassapreis $p^{\hat{k}}$ exakt durch Eigenfinanzierung e_0 im Wege der Ausgabe von Unternehmensanteilen ab. Um die erwartete Minimumausschüttung e_1^{min} zu bestimmen, muss dieser Eigenfinanzierungsbetrag mit der erwarteten Nettoertragsrate $r^{\hat{e}}$ aufgezinst werden:

$$e_1 = \sum_{\varepsilon=1}^{\tilde{\varepsilon}} m_1^{\varepsilon} = e_1^{min} + \pi_1 \quad \text{mit} \quad e_1^{min} = e_0 \cdot (1 + r^{\hat{e}}) \stackrel{!}{=} p^{\hat{k}} \cdot k_0 \cdot (1 + r^{\hat{e}})$$

Der Unternehmenssektor maximiert π_1 mit Hilfe seines Realkapitalinputs k_0:

$$(16) \quad \max_{k_0} \pi_1 = E[\tilde{\pi}_1] \quad \text{s.t.} \quad p^{\hat{k}} \cdot k_0 = e_0; \qquad \pi_1 = f^y \cdot \mu_y(k_0) - p^{\hat{k}} \cdot k_0 \cdot (1 + r^{\hat{e}}) - t_1$$

In Abwesenheit einer Budgetbeschränkung lautet die zugehörige Bedingung erster Ordnung im Lichte von Formel (4) wie folgt:

$$(17) \quad \frac{\partial \pi_1}{\partial k_0} \stackrel{!}{=} 0 \quad \Leftrightarrow \quad s \cdot \frac{\partial a}{\partial (k_0/n)} = \frac{p^{\hat{k}}}{f^y} \cdot (1 + r^{\hat{e}}) - o$$

Unter Berücksichtigung von Formel (5) ist klar, dass die Bedingung zweiter Ordnung für beschränkungsfreie Maximierung des erwarteten Gewinns erfüllt ist:

$$\frac{\partial^2 \pi_1}{\partial k_0^2} = \frac{s \cdot f^y}{n} \cdot \frac{\partial^2 a}{\partial (k_0/n)^2} < 0$$

Bis hierhin ist die Budgetbeschränkung des Unternehmenssektors bewusst unberücksichtigt geblieben. Im Lichte von Beziehung (1) ist jedoch klar, dass der optimale Input von Realkapital k_0^* den verfügbaren Bestand gar nicht ausschöpft. Die obigen Bedingungen brauchen deshalb nicht modifiziert zu werden.

b) Funktionale Konkretisierung

Die positive Quadratwurzel des unternehmensspezifischen Inputs von Realkapital in die Produktion diene nun zur Illustration als funktionales Szenario für die Aufschlagsfunktion:

$$a\left(\frac{k_0}{n}\right) \stackrel{!}{=} +\left(\frac{k_0}{n}\right)^{\frac{1}{2}}$$

Für diesen Fall ist die Nachfrage nach Realkapital wie folgt gegeben:

$$(18) \quad k_0^d(f^y) = \frac{(s \cdot f^y)^2 \cdot n}{4 \cdot \left[p^{\hat{k}} \cdot (1+r^{\hat{e}}) - f^y \cdot o\right]^2}$$

Da die eckige Klammer im Nenner von (18) von Null verschieden sein muss, ist offensichtlich, dass bestimmte funktionale Konkretisierungen wie die hier praktizierte über das zuvor bereits Ausgeführte hinaus zu zusätzlichen Einschränkungen des jeweiligen Definitionsbereichs führen können. Wie es auch durch Beziehung (6) zum Ausdruck gebracht wird, ist die zugehörige Nachfragekurve aufgrund der institutionellen Fixierung des Kassapreises des Realkapitals vollkommen elastisch. Im Lichte der Substitutionshypothese ist es dabei bemerkenswert, dass die Nachfrage nach Realkapital unabhängig vom Nettozins auf Staatsanleihen ist. Hingegen sind die partiellen Ableitungen bezüglich der Nettoertragsrate auf Unternehmensanteile und des Terminpreises des Outputs von Null verschieden, genauer gesagt streng negativ bzw. streng positiv:

$$(19) \quad \frac{\partial k_0^d}{\partial r^e} = -\frac{(s \cdot f^y)^2 \cdot n \cdot p^{\hat{k}}}{2 \cdot \left[p^{\hat{k}} \cdot (1+r^{\hat{e}}) - f^y \cdot o\right]^3} < 0$$

(20) $\quad \dfrac{\partial k_0^d}{\partial f^y} = \dfrac{s^2 \cdot f^y \cdot n}{2 \cdot \left[p^{\hat{k}} \cdot (1+r^{\hat{e}}) - f^y \cdot o\right]^2} + \dfrac{(s \cdot f^y)^2 \cdot n \cdot o}{2 \cdot \left[p^{\hat{k}} \cdot (1+r^{\hat{e}}) - f^y \cdot o\right]^3} > 0$

Man beachte bei der Vorzeichenabschätzung, dass der Ausdruck in den verschiedenen eckigen Klammern wegen Formel (17) positiv sein muss. Aufgrund des exogenen Charakters der erwarteten Nettoertragsrate auf Unternehmensanleihen sollte die partielle Ableitung (19) im Übrigen als alleine illustrativen Zwecken dienend verstanden werden.

Verschmilzt man nun die Nachfrage nach Realkapital (18) mit dem erwarteten Output (3), erhält man das aggregierte Outputangebot:

(21) $\quad y_1^s\!\left(k_0^d(f^y)\right) = \dfrac{s^2 \cdot f^y \cdot n \cdot \left[2 \cdot p^{\hat{k}} \cdot (1+r^{\hat{e}}) - f^y \cdot o\right]}{4 \cdot \left[p^{\hat{k}} \cdot (1+r^{\hat{e}}) - f^y \cdot o\right]^2}$

Partielle Ableitung nach dem Terminpreis des Outputs macht klar, dass das Outputangebot in diesem funktionalen Szenario positiv steigend ist:

$\dfrac{\partial y_1^s}{\partial f^y} = \dfrac{s^2 \cdot n \cdot \left[p^{\hat{k}} \cdot (1+r^{\hat{e}})\right]^2}{2 \cdot \left[p^{\hat{k}} \cdot (1+r^{\hat{e}}) - f^y \cdot o\right]^3} > 0$

Um nun Formel (16) auf die Ebene von Gegenwartswerten zu überführen, ist $r^{\hat{b}}$ der geeignete Diskontierungssatz für die Steuern, die ja risikofrei anfallen. Die Erlöse aus dem Verkauf von Output sind dagegen mit einer gewichteten Durchschnittsrate r^w abzuzinsen. Alternativ können aber auch die Erlöse aus dem Verkauf von Output nach Abzug von Steuern mit der bei Risiko relevanten Rate $r^{\hat{e}}$ abgezinst werden. Über beide Wege ist $\hat{K}$ als gleichgewichtiger Gegenwartswert der Outputerlöse nach Abzug von Steuern folgendermaßen gegeben:

(22) $\quad \hat{K} = \dfrac{f^{y*} \cdot \mu_y(k_0^*)}{1+r^w} - \dfrac{t_1^*}{1+r^{\hat{b}}} = \dfrac{f^{y*} \cdot \mu_y(k_0^*) - t_1^*}{1+r^{\hat{e}}}$

Offensichtlich kann der unbeschäftigte Rest des Realkapitalstocks $\bar{k} - k_0^*$ keinen Gegenwartswert haben, da er nicht den geringsten Gewinn erwirtschaftet. Die erwarteten Gegenleistungen, die im Gewinnmaximum des Unternehmenssektors via Anteile an den Haushaltssektor gezahlt werden, also

$e_1(k_0^*) = \pi_1(k_0^*) + e_1^{\min}(k_0^*)$

führen zum korrespondierenden Gegenwartswert E [98]:

(23) $\quad E = \dfrac{e_1(k_0^*)}{1+r^{\hat{e}}} = \dfrac{\pi_1(k_0^*) + e_1^{\min}(k_0^*)}{1+r^{\hat{e}}}$

Wie erwähnt wäre alles außer Vollausschüttung eine Verschwendung von Ressourcen in $\tau = 1$. Vollausschüttung gelte deshalb auch auf der Ebene der zugehörigen mathematischen Erwartungswerte:

(24) $\quad f^{y^*} \cdot \mu_y(k_0^*) - t_1^* = e_1(k_0^*)$

Berechnet man nun Gegenwartswerte, dividiert man also beide Seiten von Gleichung (24) durch die erwartete Bruttoertragsrate $(1+r^{\hat{e}})$, so manifestiert dies, dass die vorgenannten Gegenwartswerte des Realkapitals (22) und der Unternehmensanteile (23) im Gleichgewicht bilanzgleich sein müssen:

(25) $\quad \hat{K} = \dfrac{f^{y^*} \cdot \mu_y(k_0^*) - t_1^*}{1+r^{\hat{e}}} \mathsf{T} E = \dfrac{e_1(k_0^*)}{1+r^{\hat{e}}}$

4.6.2 Staatlicher Budgetausgleich

a) Unmittelbare Auswirkungen auf das staatliche Vermögen

Da der Staat zur expliziten Marktarchitektur der Modellökonomie gehört, ist für ein multiples Tauschgleichgewicht auch ein ausgeglichenes Budget seitens des Staates erforderlich. Die zugehörige Budgetgleichung des Staates im Zeitpunkt $\tau = 0$ spiegelt obige Formel (13) bereits wider. Im Zeitpunkt $\tau = 1$ müssen demgegenüber die dem Unternehmenssektor auferlegten Pauschalsteuern t_1^* die aus Nettozins und Tilgung bestehende Rückzahlung der in $\tau = 0$ emittierten neuen Staatsanleihen exakt abdecken:

(26) $\quad b_1^* = t_1^* \quad \text{mit} \quad b_1^* = \sum\limits_{\beta=1}^{\overline{\beta}} m_1^{\beta} = b_0^* \cdot (1+r^{\hat{b}})$

Wie bereits erwähnt ist $r^{\hat{b}}$ die für die Abzinsung der dem Grunde und dem Betrage nach sicher anfallenden Unternehmenssteuern angezeigte Rate, was zu folgendem Gegenwartswert T für die Gleichgewichtsbesteuerung führt:

---

[98] Den Gegenwartwert E der erwarteten Rückflüsse aus den Unternehmensanteilen möge man vom Erwartungswertoperator sowie von der Überschussnachfrage aus Teil I der Untersuchung unterscheiden.

$$T = \frac{t_1^*}{1+r^b}$$

Die verzinslichen Anleihen stehen für eine der beiden staatlichen Verbindlichkeiten. Im Gleichgewicht resultiert ihr Gegenwartswert B aus der Diskontierung ihrer aus Zins und Tilgung bestehenden Rückzahlungen, und zwar wiederum zu risikofreier Rate. Im Lichte der staatlichen Budgetgleichung (26) ist es dann offensichtlich, dass die Gegenwartswerte der dem Unternehmenssektor auferlegten Pauschalsteuern (Aktivseite) und der ausgegebenen Staatsanleihen (Passivseite) im Gleichgewicht bilanzgleich sein müssen. Dies führt zur ersten Schicht innerhalb der Bilanz des Staates und damit zum *Ricardianischen Äquivalenztheorem*[99]:

(27) $\quad T = \dfrac{t_1^*}{1+r^b} \top B = \dfrac{b_1^*}{1+r^b}$

Geld ist die zweite, nunmehr jedoch unverzinsliche staatliche Verbindlichkeit. Bei ihm zeitigt Abzinsung keinerlei wertmäßige Auswirkung, da sie zu einer Nettorate von Null erfolgen muss. Denn der Goldmarkt des Rests der Welt ist qua Annahme in $\tau=1$ unerreichbar, was nur frühe Kassatransaktionen in Gold erlaubt und die Möglichkeit einer verzögerten Goldrückkaufs in $\tau=1$ mit zwischenzeitlicher Verwendung der Erlöse ausschließt. Die Anschaffungskosten G des Goldbestands (Aktivseite) und der Gegenwartswert M der Zentralbanknoten (Passivseite) müssen deshalb im Gleichgewicht bilanzgleich sein, was zur zweiten Schicht innerhalb der Bilanz des Staates führt:

(28) $\quad G = p^{\hat{g}} \cdot \overline{g} \top M = \dfrac{p^{\hat{g}} \cdot \overline{g}}{1+0}$

Beide Bilanzschichten können auch konsolidiert werden:

(29) $\quad T + G \top B + M$

Steueransprüche und Goldreserven einerseits und Verbindlichkeiten aus der Begebung von Zentralbanknoten und Staatsanleihen andererseits sind also im Gleichgewicht bilanzgleich.

---

[99] Vgl. *Ricardo* (1820/1951), S. 186. Ein Vorgänger des Klassikers *Ricardo* ist *Melon* (1734/1903): „Les dettes d'un État sont des dettes de la main droite à la main gauche, dont le corps ne se trouvera point affaibli."

b) Mittelbare Auswirkungen auf den Unternehmenssektor

Betrachtet man die Bilanz des Unternehmenssektors ein zweites Mal, kann berücksichtigt werden, dass dieser produktive Kern der Modellökonomie mittelbar auch die einzige Quelle staatlicher Steuereinnahmen ist. Dies liefert ein starkes Argument, warum der Input von Realkapital in die Produktion gar nicht zwingend nach Abzug von Steuern bilanziert werden muss. Das Symbol K repräsentiert vielmehr den Gegenwartswert der Outputerlöse vor Abzug von Unternehmenssteuern, wobei der Gegenwartswert T dieser Steuern notwendigerweise identisch ist mit dem aus der konsolidierten Bilanz des Unternehmenssektors (29): $K = \hat{K} + T$. Analoge Addition von T zur Passivseite von (25), Ersetzung mit Hilfe von (27) und Addition von (28) ergeben dann:

(30) $\quad K + G \top E + M + B$

Im Gleichgewicht sind die Gegenwartswerte der initialen Ressourcen, also des Realkapitals und des Goldes, einerseits und die Gegenwartswerte der monetär-finanziellen Sphäre, also der Unternehmensanteile, des Geldes und der Staatsanleihen, andererseits bilanzgleich und deshalb limitational-komplementär im Leontiefschen Sinne. Komparativstatisch, also von Gleichgewicht zu Gleichgewicht, beträgt das Fix-Faktor-Verhältnis zwischen diesen Blöcken eins. Und auch außerhalb von Gleichgewichtssituationen ermöglicht die systematische Zusammenstellung der verschiedenen Ansprüche und Verpflichtungen mit Hilfe der aggregierten Bilanz über Selbstverständlichkeiten hinausgehende Aussagen: Einzelne ihrer Aktiva können nicht durch einzelne ihrer Passiva substituiert, also ersetzt werden. Insbesondere ist die gemäß Substitutionshypothese befürchtete Ersetzung des (aktivseitig ausgewiesenen) Produktionsfaktors Realkapital durch (passivseitig ausgewiesene) Staatsanleihen, deren Rückflüsse er ja speist, grundsätzlich unmöglich. Das zugrundeliegende Argument ergänzt frühere portfoliotheoretische Untersuchungen auf diesem Gebiet mit sinnverwandten, nämlich eine insofern bestehende Komplementarität stützenden Ergebnissen.[100] Wenn die privaten Haushalte überhaupt Vermögenskomponenten austauschen, so kann diese Substitution sich nur auf die aus Unternehmensanteilen, Staatsanleihen und Geld gebildete Gruppe beziehen, nicht aber auf den Produktionsfaktor Realkapital, an dem sie immer nur indirekt über Unternehmensanteile beteiligt sind. Dass ein Anstieg des Nettozinssatzes auf Staatsanleihen zu einer Ersetzung von Unternehmensan-

---

[100] Vgl. *Royama/Hamada* (1967).

teilen (nicht aber von Realkapital!) in den Portfolios der Haushalte führt, erscheint dabei im Übrigen noch nicht einmal zwingend unplausibel.

4.6.3 Maximierung des Nutzens durch den Haushaltsektor

a) Grundsatzbetrachtung und funktionale Konkretisierung

Wenn es um die Formulierung seines Optimierungsproblems geht, macht der nichtpekuniäre Charakter der Überlassungskosten l des Realkapitals mit Blick auf das in $\tau = 1$ anfallende finanzielle Einkommen des Haushaltssektors die ansonsten, also bei Unternehmensanteilen und Staatsanleihen erforderliche Aufzinsung obsolet. Das finanzielle Einkommen des Haushaltssektors vor ($\widetilde{F}_1$) bzw. nach ($\widetilde{F}_1^l$) Abzug von Überlassungskosten ist damit folgendermaßen gegeben:

$$(31) \quad \widetilde{F}_1 = e_0 \cdot (1 + \widetilde{r}^e) + b_0 \cdot (1 + r^b); \qquad \widetilde{F}_1^l = e_0 \cdot (1 + \widetilde{r}^e - l) + b_0 \cdot (1 + r^b)$$

$\widetilde{F}_1^l$ sei haushaltsseitig das Argument einer Nutzenfunktion U vom von-Neumann-Morgenstern-Typ. Für letztere wird hier zu Zwecken der Illustration folgende formale Konkretisierung gewählt:

$$U(\widetilde{F}_1^l) = \widetilde{F}_1^l - \frac{\alpha}{2} \cdot (\widetilde{F}_1^l)^2$$

Um die für von-Neumann-Morgenstern-Nutzenfunktionen charakteristischen Eigenschaften, also streng positive Steigung und streng konkave Krümmung, zu gewährleisten, sollen die folgenden Parameterrestriktionen[101] für U im relevanten Bereich gelten: $\widetilde{F}_1^l < 1/\alpha$; $\alpha > 0$. Das zugehörige, auf $\tau = 0$ bezogene Optimierungsproblem des Haushaltssektors lautet wie folgt:

$$\max_{e_0, b_0} E[U(\widetilde{F}_1^l)] \quad \text{s.t.} \quad e_0 + b_0 = p^{\hat{k}} \cdot k_0 + b_0^A$$

Im Prozess der Nutzenmaximierung wird nun zum einen das mengenanpassende Verhalten des Staates auf dem Markt für Staatsanleihen gemäß Beziehung (12) berücksichtigt, wie es aus der monetär-finanziellen Rahmenvereinbarung folgt. Der Staat begibt also exakt den Betrag an Staatsanleihen, den der Haushaltssektor zum vom Rest der Welt vorgegebenen Nettozinssatz an Vorschüssen gewähren möchte: $b_0^A = b_0^s(r^b)$

---

[101] Vgl. *Royama/Hamada* (1967), S. 28.

Zum anderen wird für die vom Haushaltssektor (gemäß den in Teil III dieser Untersuchung noch folgenden Überlegungen) gewünschte Geldhaltung m^* unterstellt, dass sie exakt der durch die monetär-finanzielle Rahmenvereinbarung angestoßenen, aus vollständiger Hinterlegung aller Goldbestände resultierenden Geldmenge m (vgl. Gliederungspunkt 3.2) entspricht. Hierdurch wird nachfolgend die Notwendigkeit einer Unterscheidung von Goldbeständen des Staates und der Haushalte vermieden. Dass der private Sektor im Übrigen im Rahmen des gesamtgesellschaftlichen Konsenses exakt so viel Geld schöpft, wie er zu halten wünscht, erscheint im Übrigen als gedankliche Ausgangsposition noch nicht einmal abwegig. Der Haushaltssektor, der hier zur besseren Vergleichbarkeit mit älteren Studien auf dem Gebiet als einziger Sektor nach Saldierung um laufende Tauschtransaktionen eine streng positive Sockelgeldhaltung aufweist, möchte diese also einstweilen auch nicht verändern: $m^* = m$. Dies vorausgesetzt ergeben sich für die Angebotsfunktionen des Haushaltssektors für Vorschüsse gegen Übernahme von Staatsanleihen b_0^s bzw. von Unternehmensanteilen e_0^s folgende Ausdrücke[102]:

(32) $\quad b_0^s \big|_{\substack{b_0^s = b_0^d \\ m^* = m}}(k_0) = -p^{\hat{k}} \cdot k_0 \cdot \dfrac{\left(r^{\hat{e}} - l - r^{\hat{b}}\right) \cdot \left(1 + r^{\hat{e}} - l\right) + \sigma_e^2}{\left(r^{\hat{e}} - l - r^{\hat{b}}\right) \cdot \left(1 + r^{\hat{b}}\right)} + \dfrac{1}{\alpha \cdot \left(1 + r^{\hat{b}}\right)}$

(33) $\quad e_0^s \big|_{\substack{b_0^s = b_0^d \\ m^* = m}}(k_0) = p^{\hat{k}} \cdot k_0$

Hierbei steht σ_e^2 für die Varianz der Nettoertragsrate $\tilde{r}^e$ auf Vorschüsse gegen Übernahme von Unternehmensanteilen, $r^{\hat{e}}$ für ihren Erwartungswert. Aufgrund des exogenen Charakters des erwarteten Nettozinses auf Staatsanleihen und der erwarteten Nettoertragsrate auf Unternehmensanteile sind die korrespondierenden Angebotskurven wiederum vollkommen elastisch. Das Optimierungsproblem des Haushaltssektors ist dennoch nicht trivial, da seine Lösung auch die fixe Komponente seines finanziellen Einkommens, die Höhe der dem Unternehmenssektor auferlegten Pauschalsteuern und den Beschäftigungsgrad der Modellökonomie bestimmt.

b) Outputnachfrage als Resultante

Noch in $\tau = 1$ verausgabt der Haushaltssektor sein finanzielles Einkommen vollständig.

---

[102] Bei der Herleitung der Beziehungen (32) und (33) wurde der Steinersche Verschiebungssatz in seiner Ausprägung für Varianzen verwendet.

Hieraus resultiert seine Outputnachfrage y_1^d:

(34) $\quad y_1^d = \dfrac{E[\widetilde{F}_1]}{f^y} = \dfrac{1}{f^y} \cdot \left[p^k \cdot k_0 \cdot \left(1 - \dfrac{\sigma_e^2}{r^{\hat{e}} - 1 - r^{\hat{b}}} \right) + \dfrac{1}{\alpha} \right]$

Für eine negative Steigung der Outputnachfrage muss folgende Bedingung erfüllt sein:

(35) $\quad \dfrac{\partial y_1^d}{\partial f^y} \overset{!}{<} 0 \;\Leftrightarrow\; \alpha < \dfrac{r^{\hat{e}} - 1 - r^{\hat{b}}}{p^k \cdot k_0 \cdot \left[\sigma_e^2 - 1 \cdot \left(r^{\hat{e}} - 1 - r^{\hat{b}} \right) \right]}$

Das nachfolgende Argument erhärtet, dass die Räumung des Outputmarkts zu einem erwarteten Gewinn in Höhe von Null führt, wie er für ein Gleichgewicht typisch ist:

$$\pi_1(k_0^*) \overset{(16)}{=} f^{y*} \cdot \mu_y(k_0^*) - p^k \cdot k_0^* \cdot (1 + r^{\hat{e}}) - t_1^*$$
$$\overset{(26),(33)}{=} f^{y*} \cdot \mu_y(k_0^*) - e_0(k_0^*) \cdot (1 + r^{\hat{e}}) - b_0^* \cdot (1 + r^{\hat{b}}) \overset{(34)}{=} f^{y*} \cdot [y_1^s(k_0^*) - y_1^d(k_0^*)] = 0$$

Damit wird in der Modellökonomie die Nettoertragsrate auf die Unternehmensanteile auf das kompetitive Minimum reduziert.

4.7 Nettovermögen des privaten Sektors

Sei N das Nettovermögen des Haushaltssektors. Geht man durch die verschiedenen Verträge, die von diesem Sektor kontrahiert wurden, stellt man fest, dass er keinerlei finanzielle Verpflichtungen eingegangen ist, sodass bei ihm Vermögen und Reinvermögen zusammenfallen. Im multiplen Tauschgleichgewicht ist sein (Rein-)Vermögen deshalb durch die folgenden Ansprüche vollständig bestimmt:

(a) den Gegenwartswert E seiner Ansprüche aus Unternehmensanteilen gemäß Beziehung (23);

(b) den Gegenwartswert M seiner Ansprüche aus äußeren Finanzierungsverträgen gemäß Beziehung (28);

(c) den Gegenwartswert B seiner Ansprüche aus Staatsanleihen gemäß Beziehung (27):

(36) $\quad E + M + B \top N$

Im Gegensatz zum Unternehmenssektor erfordert Bilanzgleichung (36) keine eigene Argumentation. N folgt vielmehr aus den entsprechenden Argumentationen für den Unternehmens- und den Staatssektor. Aufgrund von Beziehung (30) verfügt der Unternehmenssektor über kein eigenes Reinvermögen im Sinne von Definition 7, was im Vergleich zu früheren makroökonomischen Zusammenstellungen von Systemvermögen[103] eine wichtige Änderung darstellt. Hintergrund ist die Integration von Finanzierungsverträgen in die Modellarchitektur, genauer gesagt von Unternehmensanteilen, welche durch den Haushaltssektor gehalten werden. Der Haushaltssektor ist also die letztendliche Destination allen Reinvermögens des privaten Sektors.[104] N kann damit auch als Reinvermögen des gesamten privaten Sektors im Sinne von Definition 1 aufgefasst werden. Auf diesem Wege wird Folgendes offensichtlich:

(37) $\quad K + G \top E + M + B \top N$

Das Reinvermögen des privaten Sektors ist in der Modellökonomie, wie sie durch die Beziehungen (6) bis (11), (14) und (15) beschrieben wird, also gleich dem summierten Wert seiner Anfangsausstattung mit den Ressourcen, die Output bzw. Geld erzeugen, wobei die Anschaffungskosten jeweils als bester Schätzer für den Gegenwartswert dienen. Alternativ kann das Reinvermögen des privaten Sektors aber auch als Gesamtbetrag und damit als kumulierter Gegenwartswert der monetär-finanziellen Sphäre ermittelt werden.

5. Dekonvertibilitierung des Geldes

Mit Blick auf moderne Tauschwirtschaften erscheinen in Gold konvertible Banknoten heute schlichtweg anachronistisch. Fiat Money hat vielmehr ganz überwiegend die Rolle des allgemeinen Tauschmittels eingenommen.[105] Das bis hierhin entwickelte Modell des multiplen Tauschgleichgewichts bietet aber durchaus auch Möglichkeiten zur Integration von solch stoffwertlosem Geld. Der Zeithorizont wird hierzu bis in die Unendlichkeit ausgedehnt: $\bar{\tau} \to \infty$. Entsprechend entfallen die Liquidation der Unternehmensanteile und die Tilgung der Staatsanleihen; es werden nur noch Dividenden bzw. Zinsen gezahlt. Sobald sich die Unternehmen in $\tau = 0$ mit Realkapital ausgestattet haben, kann so eine unendliche Anzahl produktiver Perioden folgen und das ökonomische System sogar einen Steady State erreichen. Solange den Zentralbanknoten durch eine solche Maßnahme nicht ihr

---

[103] Vgl. etwa *Crouch* (1972), S. 134.
[104] „Consumption is the sole end and purpose of all production..."; *Smith* (1789/1937), S. 625.
[105] Vgl. *Sylos Labini* (1979), S. 80.

Kopplungspotential abhandenkommt, kann dann auch die Tilgung der äußeren Finanzierungsverträge bis in die Unendlichkeit hinausgeschoben werden. Das Geld wird hierdurch faktisch zu einem dekonvertibilitierten Finanzierungsvertrag, der nicht mehr fällig wird. Der Gegenwartswert des Geldes, wie er bisher aufgrund von Beziehung (28) streng positiv vorgegeben war, wird auf diesem Wege aus dem Modell weggeblendet:

$$\lim_{\bar{\tau} \to \infty} M = 0$$

In dieser Konstellation wird auch die korrespondierende Hinterlegung des Goldbestandes bei der Zentralbank weniger attraktiv, sodass eine Ersetzung der in Gold konvertiblen Zentralbanknoten durch Fiat Money wahrscheinlich erscheint. Folgt man dieser Gedankenlinie, kann die Ausgabe von Fiat Money sogar von Volkswirtschaften beschlossen werden, die über wertvolle, aber auch unproduktive Ressourcen wie Gold gar nicht verfügen oder sie anderweitig verwenden wollen. Beziehung (37) wird in dieser Situation auf das Folgende reduziert:

(38) $\quad K \top E + B \top N$

Diese Gegenwartswertanalyse lässt deshalb Zweifel auf Ansätze fallen, die Fiat Money als Summand in Gleichungen für das aggregierte Vermögen des privaten Sektors eines ökonomischen Systems aufnehmen.[106] Positiv gesprochen kann das Konzept des Tauschvertrages vielmehr die Wirtschaftstheorie von den in Teil I angesprochenen, inhärenten Tendenzen befreien, Geld und andere Positionen im Stile von Financial Assets in das Modell des allgemeinen Gleichgewichts zu integrieren, indem man sie als Allonge an den Vektor der Tauschobjekte hängt. Geld ist ein Tauschvertrag, an den sich andere ankoppeln. Wie viel Geld rational handelnde Entscheidungsträger dabei zu halten wünschen, wird nun in Teil III zum Gegenstand der Betrachtung.

---

[106] Vgl. etwa *Crouch* (1972), S. 135.

Anhang zu Teil II

Tabellarischer Überblick über die Budgetgleichungen der Sektoren zu den verschiedenen Zeitpunkten
(U: Unternehmenssektor; H: Haushaltssektor; S: Staat; R: Rest der Welt)

	$\tau = -1$	$\tau = 0$	$\tau = 1$	$\tau = 2$
U		$p^{\hat{k}} \cdot k_0^* = e_0^*$	$e_1(k_0^*) + t_1^* = f^{y^*} \cdot y_1(k_0^*)$	
H	$m = p^{\hat{g}} \cdot \overline{g}$	$b_0^s(r^{\hat{b}}) + e_0^* = b_0^A + p^{\hat{k}} \cdot k_0^*$	$f^{y^*} \cdot y_1(k_0^*) = e_1(k_0^*) + b_1^*$	$p^{\hat{g}} \cdot \overline{g} = m$
S	$p^{\hat{g}} \cdot \overline{g} = m$	$b_0^A + p^{\hat{g}} \cdot \overline{g} = b_0^s(r^{\hat{b}}) + p^{\hat{g}} \cdot \overline{g}$	$b_1^* = t_1^*$	$m = p^{\hat{g}} \cdot \overline{g}$
R		$p^{\hat{g}} \cdot \overline{g} = p^{\hat{g}} \cdot \overline{g}$		
Σ	$0 = 0$	$0 = 0$	$0 = 0$	$0 = 0$

Teil III Ein externes monetäres Kalkül für den Homo oeconomicus

Zur Integration von Geld in ein Modell des systemweiten Gleichgewichts wird nicht mehr auf das Konzept des Geldmarkts rekurriert, sondern vielmehr auf ein externes, das heißt sachlich und zeitlich außerhalb der expliziten Marktarchitektur angesiedeltes Kalkül. In diesem stellt der Entscheidungsträger den Vorteilen der Geldhaltung ihre Kosten gegenüber, um seinen individuell optimalen Bestand an allgemeinem Tauschmittel zu bestimmen. Die explizite Marktarchitektur und das externe monetäre Kalkül sind gleichwohl nicht unabhängig voneinander, sondern vielmehr über die Wunschausstattung mit allgemeinem Tauschmittel interdependent miteinander verknüpft. So erlaubt das Gesamtmodell auch die Analyse eines expansiven monetären Impulses, der die tatsächliche Geldausstattung über das gewünschte Niveau hebt. Den derart erzeugten monetären Überschuss möchten rationale Entscheidungsträger innerhalb der expliziten Marktarchitektur wieder abstoßen. Seinen Überschusscharakter verliert dieses Mehr an allgemeinem Tauschmittel aber erst dann, wenn die unmittelbar induzierten Anpassungen mittelbar auch die gewünschte Geldhaltung wieder der tatsächlichen angeglichen haben.

Wichtige Begriffe	Monetäres Kalkül, gewünschte Geldhaltung, expansiver monetärer Impuls, Entscheidungsrevision, Umlaufgeschwindigkeit des Geldes
JEL Codes	B22, D10, E31, E41, E52

1. Zur externen Anordnung des Kalküls

In Teil I dieser Untersuchung wurde das reine walrasianische Paradigma im Hinblick auf zeitliche und Geldverwendungsmuster des Tauschs systematisch variiert – auch, um hiervon ausgehend „Makro-Ökonomisches bis ans mikro-ökonomische Ende durchzudenken"[107]. Das derart tauschsystematisierte Paradigma mündete in Teil II in ein ganz bestimmtes Modell des multiplen Gleichgewichts, welches entsprechend für eine von vielen insofern denkbaren Abwandlungen des mittlerweile zur ökonomischen Folklore gehörenden Modells des allgemeinen Gleichgewichts steht. Dieses konkrete Modell des multiplen Gleichgewichts besteht im Kern aus einer expliziten Marktarchitektur und einem nur im-

---

[107] Dieses von *Eucken* empfohlene Prinzip wurde von *Stützel* überliefert; (1978/2011), S. XII.

plizit über resultierende Tauschverhältnisse gegebenen vierten Sektor, dem Rest der Welt. Dieser vierte Sektor diente über den exogen-fixen Charakter seiner von ihm an die explizite Marktarchitektur vermittelten Tauschverhältnisse bis hierhin zwei zentralen Zwecken:

- Der vergleichsweise einfachen Schaffung eines UNTERBESCHÄFTIGUNGSSZENARIOS, welches wiederum für die Auseinandersetzung mit der Substitutionshypothese zwingend erforderlich ist, wenn man nur Realkapital als Input in die Produktion bzw. produktionsfaktorartige Vermögenskomponente vorsieht.

- Der Operationalisierung der GEGENWARTSWERTMETHODE bei exogenen Kalkulationszinsen sowohl für Ansprüche als auch für Verpflichtungen aus Unternehmensanteilen sowie Staatsanleihen. Endogene Kalkulationszinsfüße würden die zugehörigen Ausdrücke für Gegenwartswerte doch deutlich komplexer werden lassen.

Bei der Darstellung der vier Märkte der expliziten Architektur (also des Kassamarkts für Realkapital, des Finanzmarkts für Unternehmensanteile, des Terminmarkts für Output und des Finanzmarkts für Staatsanleihen) wurde betont, dass an jedem dieser Handelsplätze synallagmatisch gegen Geld getauscht wird, sodass einem zusätzlichen Geldmarkt der Freiraum entzogen wird. Um gleichwohl der Geldhaltung der Entscheidungsträger die im Lichte des Endpunktproblems erforderliche Verstetigung zu geben, sollte sie zum Gegenstand eines externen, also sachlich und zeitlich außerhalb des Modells des multiplen Gleichgewichts angesiedelten monetären Kalküls werden. Dies ist nun das Explorationsziel in Teil III, in dem im Übrigen nur noch auf Fiat Money und nicht mehr auf sonstige, in Teil II ebenfalls in Bezug genommene Erscheinungsformen des Geldes abgestellt wird. Wie es auch die nebenstehende Abbildung 1 veranschaulicht, wird das Modell des multiplen Gleichgewichts also erst durch das externe monetäre Kalkül zum Gesamtmodell vervollständigt:

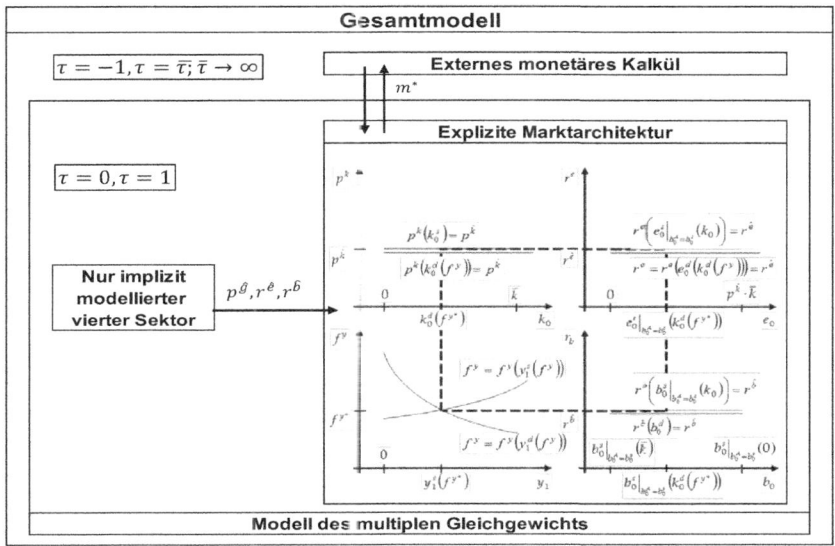

ABBILDUNG 1   Gesamtmodell

Wenn es dabei heißt, das monetäre Kalkül sei sachlich „außerhalb" angesiedelt, so ist damit gemeint, dass die Geldhaltung an keinem der vier explizit dargestellten Modellmärkte bzw. in keinem der hinter ihnen stehenden Optimierungsprogramme als Instrument angesehen werden kann. Hinzuweisen ist aber auch auf die zeitliche Umschließung des Modells des multiplen Gleichgewichts durch das externe monetäre Kalkül. Durch ihre bereits im Zeitpunkt $\tau = -1$ angesiedelte Schöpfung und ihre erst im Zeitpunkt $\tau = \bar{\tau}$ erfolgende Tilgung können die Banknoten den in $\tau = 0$ bzw. $\tau = 1,...\bar{\tau}-1$ innerhalb der expliziten Marktarchitektur ablaufenden „inneren" Tauschvorgängen als Ankopplungsstation und damit als Geld dienen, wobei in Teil III (wie zuvor bereits in KAPITEL 5 von Teil II) $\bar{\tau} \to \infty$ gelten soll. So wurde dort gerade Fiat Money mathematisch operationalisiert, welches nicht mehr getilgt wird und damit nicht mehr konvertibel (und deshalb „dekonvertibilitiert") ist. Die Geldschöpfung in $\tau = -1$ ist zudem eine gesamtgesellschaftliche, hier im Rahmen einer monetär-finanziellen Rahmenvereinbarung getroffene Entscheidung. In sie gehen die sich auf Erwartungsbasis für $\tau = 0,1,...,\bar{\tau}-1$ abzeichnenden Beträge an Güterkäufen (auf Terminbasis) und Geldvorschüssen (auf Finanzierungsbasis) durch die

Haushalte als Bestimmungsfaktoren ein – die Unternehmen und der Staat tauschen innerhalb der expliziten Marktarchitektur zwar ebenfalls mit Geld, halten jedoch zur Vereinfachung annahmegemäß keinen Sockelbestand desselben, sodass die Geldhaltung auch nicht nach Sektoren differenziert zu werden braucht. Die Struktur der Abhängigkeit der gewünschten Sockelgeldhaltung der Haushalte von ihren Güterkäufen und Geldvorschüssen wird dabei durch die Vorteile und die Kosten bestimmt, welche das allgemeine Tauschmittel in ihren Geldbörsen induziert.

2. Der Betrag der Geldhaltung als Reflex einer Abwägung von Vorteilen und Kosten

2.1 Vorteile der Geldhaltung

Während in dieser Untersuchung die Begründetheit des Konzepts „Geldmarkt" für wirtschaftstheoretische Analysen zwar grundsätzlich in Frage gestellt wird, dürften die nun für die Geldhaltung μ unterstellten Vorteile $B(\mu)$[108] gleichwohl eine gewisse Wesensverwandtschaft mit manchen, seit Längerem bekannten Erklärungsansätzen für die „Geldnachfrage" aufweisen.

○ Zu nennen ist zunächst das sowohl in der (Neo-)Quantitätstheorie als auch bei *Keynes* anzutreffende TRANSAKTIONSMOTIV der Kassenhaltung, nach dem monetär realisierte Güterumsätze mit eigenem Wachstum auch nach erhöhter Geldhaltung rufen, um erstere verlässlich abwickeln zu können. Genauer gesagt wird man diesen Zusammenhang für die Abwicklung der in jedem Umsatz enthaltenen Güterkäufe unterstellen, welche der Haushaltssektor im Rahmen des hier betrachteten Modells des multiplen Gleichgewichts alleine als Terminkäufe von Output realisiert.

Die tauschsystematisierte Herangehensweise dieser Untersuchung legt es sodann nahe, sinngemäß auch für Beträge an finanzierungsvertraglich veranlassten Geldvorleistungen zu argumentieren, im konkreten Modell also für solche des Haushaltssektors gegen Gewährung von Unternehmensanteilen und Staatsanleihen. Die Haushalte möchten also deshalb einen echt positiven Sockelbestand an Geld halten, weil dieser

---

[108] Im Gegensatz zu Teil II steht das Symbol B also nun nicht mehr für den Gegenwartswert der Ansprüche bzw. Verpflichtungen aus Staatsanleihen.

ihnen bei der Abwicklung ihrer Terminkäufe von Output, ihrer Vorschüsse an die Unternehmen gegen Gewährung von Anteilen und ihrer Vorschüsse an den Staat gegen Gewährung von Anleihen Vorteile verspricht, vorstellbar beispielsweise durch leichteres Auffinden gegenläufiger Tauschwünsche.

o Hält man sich sodann vor Augen, dass die Produktion von Output im betrachteten Gesamtmodell stochastischen Charakter hat, liegt die Schlussfolgerung nahe, dass die Haushalte auch für den Betrag einer möglichen Überschussproduktion monetär gewappnet sein möchten, indem sie einen entsprechenden Überschussbestand an Kasse vorhalten. Dessen theoretische Begründung korrespondiert mit dem ebenfalls von *Keynes*, nicht jedoch von den (Neo-)Quantitätstheoretikern angeführten VORSICHTSMOTIV der Kassenhaltung.

o Anders liegen die Dinge hingegen beim keynesianischen SPEKULATIONSMOTIV, das die Höhe der Kassenhaltung insofern nicht von einem Betrag abhängig macht, sondern von einem ganz bestimmten Tauschverhältnis, nämlich dem Zins. Hintergrund ist die keynesianische Portfolioentscheidung zwischen Geld und „Wertpapieren", wobei die „Wertpapiere" sich aus den wechselseitig als vollkommene Substitute angesehenen Größen Realkapital und Anleihen zusammensetzen. (Dass der Produktionsfaktor Realkapital in der Unternehmensbilanz ein Aktivum ist und deshalb nicht mit den es finanzierenden, also passivischen Anteilen („Wertpapieren") vermengt werden sollte, ist allerdings gerade eines der Kernergebnisse des Teils II dieser Untersuchung.) Diese Substitutionalität gibt auch den theoretischen Hintergrund für die eingangs von Teil II in Bezug genommene Substitutionshypothese ab. Substitute, wenn auch keine vollkommenen, sind bei *Keynes* ferner das Geld und der genannte Realkapital-Anleihe-Block. Sieht man nun einmal davon ab, dass sich in dieser Untersuchung stattdessen gerade ein komplementäres Verhältnis ergeben hat, in dem das Realkapital und die finanzielle Sphäre zueinander stehen, so setzt der keynesianische Substitutionsmechanismus doch immer noch voraus, dass sowohl das Geld als auch die Wertpapiere knapp sind, damit die Entscheidungsträger zwischen ihnen zinsgetrieben Richtung Optimum substituieren. In dieser Untersuchung liegen die Dinge hingegen so, dass das Angebot der Haushalte an Vorschüssen gegen Gewährung von Staatsanleihen in $\tau = 0$ auf der Grundlage der aus dem Rest der Welt stammenden Tauschverhältnisse als fix anzusehen ist. Dies korrekt erwartend geht es für die Entscheidungsträger im Rahmen der monetär-finanziellen Rahmenvereinbarung deshalb zuvor in $\tau = -1$ nur darum, wieviel Geld geschöpft werden soll. Und für diese Geldschöpfung gibt es im Falle von Fiat Money keine Betragsbegrenzung. Entsprechend werden hier für das externe monetäre Kalkül im Zeitpunkt $\tau = -1$ auch keine dem Spekulationsmotiv sinnverwandten Vorteile der Geldhaltung gesehen. Hiermit korrespondiert, dass durch die externe Anordnung des Kalküls in $\tau = -1$ jegliche Rivalität zwischen der Geldhaltung und sämtlichen Verwendungsmöglichkeiten von Geld entfällt, wie sie sich bei einer simultanen Nutzenmaximierung ergeben könnten.

2.2 Kosten der Geldhaltung

Stünden den Vorteilen der Geldhaltung keine Kosten gegenüber, würde Fiat Money sättigungslos gewünscht und im hier vorliegenden Modell eines multiplen Gleichgewichts deshalb auch unbegrenzt geschöpft. Stattdessen wird jedoch davon ausgegangen, dass die Haltung von Geld auch Kosten $C(\mu)$ nach sich zieht. Bei diesen kann es sich aus der Perspektive des Zeitpunktes $\tau = -1$ jedoch nicht um Opportunitätskosten im Sinne entgangener Güterkäufe oder Rückflüsse aus Finanzinvestitionen handeln, da man solche Einbußen dann durch eine entsprechend höhere individuelle Geldschöpfung ja noch gut vermeiden kann. Vielmehr ist es den Haltern von Geld schlicht auch unangenehm, solche Scheine mit sich zu führen, da sie mit zunehmender Anzahl immer stärker die Geldbörse füllen. Obwohl sich Fiat Money grundsätzlich in beliebigen Beträgen bereitstellen lässt, bewirken diese Kosten damit, dass die gewünschte Geldhaltung der Entscheidungsträger nicht in grenzenlose Höhen entschwindet.

2.3 Individuelles Optimierungskalkül

Der Haushaltssektor zerfalle in $h = 1,...,\bar{h}$ verschiedene Haushalte. Für die haushaltsspezifischen Vorteile der Geldhaltung $B_h(\mu_h)$ bestehe ein funktionaler Zusammenhang mit dem Betrag an individuell vorgehaltenem Tauschmittel μ_h, der durch den Ursprung verläuft und streng monoton steigend sowie streng konkav gekrümmt ist:

(1) $B_h(0) = 0;$ $B'_h(\mu_h) > 0;$ $B''_h(\mu_h) < 0$

Einen funktionalen Zusammenhang gebe es zudem für die haushaltsindividuellen Kosten der Geldhaltung $C_h(\mu_h)$, der abermals durch den Ursprung verläuft und streng monoton steigt, nun allerdings stattdessen streng konvex gekrümmt ist:

(2) $C_h(0) = 0;$ $C'_h(\mu_h) > 0;$ $C''_h(\mu_h) > 0$

Das Optimierungsproblem des einzelnen Haushalts besteht deshalb darin, mit Hilfe der individuellen Geldhaltung die Differenz zwischen zugehörigen Vorteilen und korrespondierenden Kosten zu maximieren und auf diesem Wege den Betrag m_h^* an individuell optimaler Geldhaltung zu bestimmen:

(3) $\max_{\mu_h} B_h(\mu_h) - C_h(\mu_h)$ $\rightarrow$ m_h^*

Im hier betrachteten Gesamtmodell, genauer gesagt in seinem externen monetären Kalkül, wird in $\tau = -1$ in monetärer Hinsicht alleine über die gewünschte Geldhaltung und hieraus resultierend über die optimale Geldschöpfung entschieden. Der konvexe Verlauf der Geldhaltungskosten stellt zudem sicher, dass die haushaltsindividuell gewünschte Geldhaltung stets nur endliche Werte annimmt.

2.4   Aggregation

Die systemweit gewünschte Geldhaltung m^* ergibt sich unter diesen Prämissen durch Summation über die verschiedenen Haushalte:

(4) $m^* = \sum_{h=1}^{\bar{h}} m_h^*$

Bereits in <u>Teil II</u> wurde davon ausgegangen, dass der Haushaltssektor diese von ihm insgesamt gewünschte Geldhaltung im Rahmen der monetär-finanziellen Rahmenvereinbarung auch gesamtgesellschaftlich, also im Einvernehmen mit Unternehmenssektor und Staat, in die Tat umsetzen kann. Würde das derart monetär ausgestattete Gemeinwesen also anschließend gefragt, ob es ergänzend den Überflug eines Hubschraubers wünsche, der weiteres Geld abwirft, so müsste seine Antwort eindeutig „nein" lauten. Operierte der Hubschrauber gleichwohl in der beschriebenen Art und Weise, würde es zunächst einmal in formaler Hinsicht erforderlich, die tatsächliche Geldhaltung $\hat{m}$ von der im Rahmen der monetär-finanziellen Rahmenvereinbarung ausgemachten m und damit auch der gewünschten m^* zu unterscheiden, wobei zusätzlich $\hat{m} > m^*$ gilt. Inhaltlich würde ein solches Szenario zudem zu der Frage führen, welche ökonomischen Auswirkungen ein derartiger „expansiver monetärer Impuls"[109], eine Politik des Easy Money mit anderen Worten, zeitigt. Dieses zentrale Thema der Theorie der Geldpolitik wird nun in KAPITEL 3, welches diese Untersuchung abschließt, behandelt, wobei das bis hierhin erarbeitete Gesamtmodell für den Analyserahmen sorgt.

3. Analyse eines expansiven monetären Impulses

3.1 Revision des Nutzenmaximierungsproblems

Unter Berücksichtigung seiner nun durch einen expansiven monetären Impuls das Gewünschte übersteigenden tatsächlichen Geldhaltung stellt sich das Nutzenmaximierungsproblem des Haushaltssektors wie folgt dar:

(5) $\quad \max\limits_{e_0, b_0} E\left[U\left(\widetilde{F}_1^I\right)\right]$ s.t. $e_0 + b_0 = p^{\hat{k}} \cdot k_0 + b_0^A + \left(\hat{m} - m^*\right)$

In der Konsequenz ergibt sich für das Haushaltssektorangebot an Vorschüssen gegen Übernahme von Staatsanleihen gegenüber Formel (32) aus <u>Teil II</u> der folgendermaßen revidierte Ausdruck:

(6) $\quad b_0^s\big|_{b_0^s = b_0^A} = -\left[p^{\hat{k}} \cdot k_0 + \left(\hat{m} - m^*\right)\right] \cdot \dfrac{\left(r^{\hat{e}} - l - r^{\hat{b}}\right) \cdot \left(1 + r^{\hat{e}} - l\right) + \sigma_e^2}{\left(r^{\hat{e}} - l - r^{\hat{b}}\right) \cdot \left(1 + r^{\hat{b}}\right)} + \dfrac{1}{\alpha \cdot \left(1 + r^{\hat{b}}\right)}$

In der eckigen Klammer tritt also nun der expansive monetäre Impuls als zweiter Summand neben den Erlös aus dem Verkauf von Realkapital. Parallel ist das Angebot des Haushaltssektors an Vorschüssen gegen Übernahme von Unternehmensanteilen gegenüber Formel (33) aus <u>Teil II</u> in folgender Weise zu modifizieren:

(7) $\quad e_0^s\big|_{b_0^s = b_0^A} = p^{\hat{k}} \cdot k_0 + \left(\hat{m} - m^*\right)$

Der monetäre Impuls tritt hier also zur Gänze als zweiter Summand neben den Erlös aus dem Verkauf des Realkapitals.

---

[109] *Thieme* (1993), S. 172.

Das bis hierhin ausgearbeitete Gesamtmodell ist trotz Fixierung dreier Tauschverhältnisse (institutionelle Bindung des Kassapreises für Realkapital im Inland; Übernahme der deshalb als exogen anzusehenden Nettoertragsrate auf Unternehmensanteile und des deshalb als exogen anzusehenden Nettozinses für Staatsanleihen aus dem Rest der Welt) gleichgewichtsfähig, da verschiedene Mechanismen (monetär-finanzielle Rahmenvereinbarung, verknüpfendes Gestänge zwischen Realkapitalmarkt und Markt für Unternehmensanteile) die Konsequenzen dieser Rigiditäten durch vollkommen elastische Mengenanpassung in vieler Hinsicht kompensieren. Die drei Tauschverhältnisse wurden in Teil II zunächst aus zwei Gründen fixiert: Zum einen ließ sich hierdurch vergleichsweise einfach ein Unterbeschäftigungsszenario etablieren, in welchem dem Terminpreis für Output zudem für die Räumung der anderen drei Märkte der expliziten Architektur eine Schlüsselrolle zukommt. Zum anderen wurde es so möglich, die im Hinblick auf die Vermögensbewertung essentielle Gegenwartswertmethode bei exogenen Diskontierungssätzen und damit in vergleichsweise einfacher Form zu implementieren. Nun, in Teil III der Untersuchung, zeigt die Fixierung der drei Tauschverhältnissen noch eine weitere analyseeffiziente Eigenschaft. Sie erlaubt es, die Erforschung des expansiven monetären Impulses im Wesentlichen auf den Terminmarkt für Output (der ja als einziger durch ein vollkommen flexibles Eigentauschverhältnis gekennzeichnet ist) zu beschränken und für die drei restlichen Märkte der expliziten Architektur eine mehr oder weniger mechanische Folgereaktion zu unterstellen.

3.2 Verschiebung der Outputnachfragefunktion

Durch Verwendung der Ausdrücke (6) und (7) als Treiber des finanziellen Einkommens, Fortschreibung vom Zeitpunkt $\tau = 0$ mit der jeweils zugehörigen Bruttorate zum Zeitpunkt $\tau = 1$ und Division durch den Terminpreis des Outputs ergibt sich unter Berücksichtigung des expansiven monetären Impulses $\hat{m} - m^*$ nunmehr folgende Outputnachfrage des Haushaltssektors:

$$(8) \qquad y_1^d = \frac{E[\widetilde{F}_1]}{f^y} = \frac{1}{f^y} \cdot \left\{ \left[p^{\hat{k}} \cdot k_0 + \hat{m} - m^* \right] \cdot \left(1 - \frac{\sigma_e^2}{r^{\hat{e}} - 1 - r^{\hat{b}}} \right) + \frac{1}{\alpha} \right\}$$

Im Vergleich zu Formel (34) aus Teil II ist der Impuls in der eckigen Klammer als zweiter

Summand neben den Erlös aus dem Verkauf von Realkapital getreten. Für gegebenes Outputniveau bewirkt der Impuls wie in der nachfolgenden Abbildung 2 eine Vertikalverschiebung der Outputnachfragekurve nach oben:

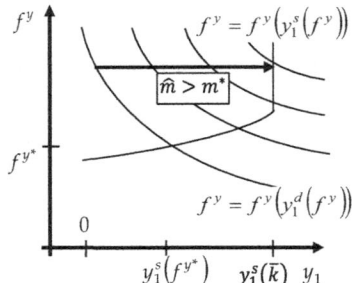

ABBILDUNG 2   Expansiver monetärer Impuls am Outputmarkt

Mit Blick auf das Gleichgewicht am Outputmarkt führt der expansive monetäre Impuls damit zunächst, das heißt im elastischen Bereich der Angebotskurve, zu einer kombinierten Steigerung von getauschter Menge und zugehörigem Tauschverhältnis, also Terminpreis. Die korrespondierende Erhöhung der Beschäftigung des Produktionsfaktors Realkapital im Hintergrund könnte man insofern als „unerwünscht" bezeichnen, wie der private Sektor keinen Grund hatte, das zusätzliche Helikoptergeld herbeizuwünschen. Andererseits ist die Beschäftigungserhöhung aber auch insofern „erwünscht", wie sie es dem privaten Sektor der Modellökonomie ermöglicht, autonom auf die monetäre Störung zu reagieren und seine ursprünglichen Entscheidungen zu revidieren.

Hat sich bis zum Erreichen der Kapazitätsgrenze die gewünschte Geldhaltung noch nicht der tatsächlichen angeglichen, können im unelastischen Bereich der Angebotskurve weiter gehende Erhöhungen des Terminpreises des Outputs bei dann konstanter Outputmenge diese Balance immer noch herstellen. Läge im Übrigen kein Fixpreismodell vor, so könnten auch die anderen Tauschverhältnisse im Verbund mit den Mengen (an Realkapital und Output) bzw. Beträgen (an Unternehmensanteilen und Staatsanleihen) zu dieser Angleichung beitragen.

Ob man nun bezogen auf den Zeitpunkt $\tau = 0$ eine Rivalität zwischen einem durch einen Impuls entstandenen monetären Überschuss und seinen Verwendungsmöglichkeiten sieht, ist hier jedenfalls eine ganz andere Frage als die, ob die in $\tau = -1$ gewünschte (und realisierte) Schöpfung von Fiat Money unter Berücksichtigung eines solchen Spannungsverhältnisses zu ermitteln ist. Die letztere Frage ist, wie gesagt, eindeutig zu verneinen.

3.3 Ein Markt zu viel?

Bei der Auseinandersetzung mit der Substitutionshypothese erwies sich die Unterscheidung von (in der Unternehmensbilanz aktivseitig ausgewiesenem) Realkapital und (passivseitig ausgewiesenen) Unternehmensanteilen als hilfreich. Die durch die Hypothese letztendlich unterstellte Substitution (und damit grundsätzlicher auch Substitutierbarkeit) einzelner Aktiva (wie des Realkapitals) durch einzelne Passiva (insbesondere Staatsanleihen) macht in einzelwirtschaftlicher wie auch systemweiter Betrachtung kaum Sinn. Eine Substitution einzelner Passiva durch andere Passiva erscheint hingegen grundsätzlich ebenso denkbar wie die einzelner Aktiva durch ihre Compagnons.

Hat man sich andererseits erst einmal zu diesem an der Bilanz ausgerichteten Denken entschlossen, fällt im Vergleich mit der klassisch-neoklassisch-keynesianischen Herangehensweise auf, dass als weiterer Modellmarkt auch einer für Vorschüsse gegen Übernahme von Unternehmensanteilen (also ein Eigenfinanzierungsmarkt) in die Architektur eingezogen werden muss. Selbst bei Unternehmen, die als Produktionsfaktor nur Realkapital einsetzen, berührt der Leistungsprozess dann präproduktiv bereits zwei Märkte. Damit stellt sich die Frage, ob dieser Marktdualismus nicht für eine Überidentifikation des Verhältnisses zwischen Unternehmen und Haushalten steht. Müssen an dieser wichtigen Nahtstelle denn wirklich gleich zwei Gleichgewichtsbedingungen (Räumung des Realkapital- und des Eigenfinanzierungsmarktes) erfüllt sein? Und wird diese kritische Frage nicht insbesondere durch den einem Gestänge ähnelnden Mechanismus motiviert, der in dieser Untersuchung ob verschiedener Tauschverhältnis-Rigiditäten ein systemweites Gleichgewicht überhaupt erst ermöglichte? In dieser Untersuchung wird jedenfalls der Standpunkt vertreten, dass der Marktdualismus keinen Luxus bedeutet. Neben der Vermeidung fundamentaler Missverständnisse wie denen hinter der Substitutionshypothese aus Teil II oder dem kapitalorientierten Finanzierungsbegriff aus Teil I spricht für die friedliche Koexistenz von Realkapitalmarkt und Markt für Unternehmensanteile ja beispielsweise der Umstand, dass der Markt für Realkapital in der Realität in hohem Maße auch ein sich innerhalb des Unternehmenssektors auftauender ist, an dem Vorprodukte unterschiedlichster Art gehandelt werden.

3.4 Zum Problem der Integration von Geld in die Theorie des systemweiten Gleichgewichts

3.4.1 Eine Alternative zum Konzept des Geldmarkts

Die Integration eines stoffwertlosen allgemeinen Tauschmittels in die Theoriewelt des Walrasianischen Paradigmas und damit in das System des allgemeinen Gleichgewichts ist bis heute eine der großen Herausforderungen für die Wirtschaftstheorie geblieben. Bei allen im Detail unterschiedlichen Herangehensweisen ist es dabei doch gemeinschaftlicher State of the Art, den Vektor der Tauschobjekte um ebendieses Geld als ein Financial Asset zu erweitern und begleitend die Marktarchitektur um einen abermals nichtsynallagmatischen, also nur auf ein einzelnes Tauschobjekt ausgerichteten Umschlagsplatz zu vergrößern – den Geldmarkt eben. Neben einer meist eher mechanistisch unterstellten Geldangebotsfunktion schafft dies Bedarf an einer Geldnachfragefunktion. Und da der Geldmarkt Teil der gesamten Marktarchitektur ist und der Modellhorizont nur einen Zeitpunkt abgreift, wird diese Geldnachfragefunktion zumindest implizit aus dem gleichen Nutzenmaximierungsproblem gewonnen, aus dem auch die konventionellen Güternachfragefunktionen abgeleitet werden. Entsprechend rivalisiert die Geldhaltung der Wirtschaftssubjekte in einem solchen Arrangement mit den Verwendungsmöglichkeiten des allgemeinen Tauschmittels. Diese Rivalität ist aber wie oben gesehen insofern erstaunlich, als sich ein Gemeinwesen etwa in Form des legendären Helikoptergelds beliebig hohe Beträge an solchem allgemeinen Tauschmittel bereitstellen kann, ohne dass dies in nennenswertem Umfang Kosten verursachte.

Statt also auf Geld als Financial Asset abzustellen, lässt es sich im Rahmen des tauschsystematisierten walrasianischen Paradigmas auch als Finanzierungsvertrag auffassen, an den sich andere Tauschverträge ankoppeln, ihn also zu mindestens einem ihrer Vertragsbestandteile machen. Obwohl es dekonvertibilitiert ist, seine Gegenleistung also faktisch nicht mehr fällig wird, kann auch Fiat Money dieses Ankopplungspotenzial grundsätzlich ebenso aufweisen wie konvertible Banknoten oder Kurantmünzen. Die hier im Rahmen des tauschsystematisierten walrasianischen Paradigmas realisierte, synallagmatische Auffassung vom Marktbegriff entzieht im Übrigen dem Geldmarkt einschließlich Geldnachfrage seinen Freiraum. Dieser Tauschplatz ist auch nicht mehr erforderlich, da das externe monetäre Kalkül die Geldhaltung der Wirtschaftssubjekte „marktfrei" verstetigen kann. So aber kommt es zu keiner Rivalität zwischen der Schöpfung von Fiat Money und den Verwendungsmöglichkeiten des stoffwertlosen Geldes. Tatsächlich sind es in diesem Kalkül vielmehr die Kosten der Geldhaltung, die den gewünschten Betrag an allgemeinem Tauschmittel begrenzen.

3.4.2 Validität konventioneller mikroökonomischer Lehrkonzepte

Das externe monetäre Kalkül hat im hier skizzierten Kontext des multiplen Gleichgewichts noch einen gewichtigen Nebenaspekt. Die Ableitung konventioneller Verhaltensgleichungen (insbesondere Nachfrage- und Angebotsfunktionen aus Nutzen- bzw. Gewinnmaximierungskalkülen) lässt sich mit seiner Hilfe eben doch auch in Anwesenheit von Geld bewerkstelligen. Man braucht dazu lediglich im Hintergrund die Annahme zu treffen, die tatsächliche Geldhaltung entspreche der gewünschten. Gut eingespielte mikroökonomische Lehrveranstaltungen können also auch im Kontext des tauschsystematisierten walrasianischen Paradigmas problemlos in ihrer bestehenden, der allgemeinen Gleichgewichtstheorie entspringenden Form beibehalten werden.

Zusammenfassung

Entlang des leitmotivischen Dreiklangs aus „Modellarchitektur", „Vermögen" und „Geld" werden die zentralen Aussagen dieser Untersuchung nun zunächst zusammengefasst. Ein Ausblick schließt sich zum Abschluss an.

Modellarchitektur

- Sind die stringenten Voraussetzungen des Walrasianischen Paradigmas, insbesondere die der vollkommenen Information und der Abwesenheit von Transaktionskosten, nicht mehr sinnvoll zu unterstellen, so liegt es mit Blick auf die Realität nahe, ihm ein ordnungspolitisches Paradigma zur Seite zu stellen und insbesondere die ökonomische Grundaktivität des Tauschs durch synallagmatische Verträge entsprechend zu flankieren.
- Erweitert man zudem den Zeithorizont im Vergleich zum Walrasianischen Paradigma nur schon um einen zweiten Zeitpunkt, so wird es möglich, Kassa-, Finanzierungs- und Terminverträge zu unterscheiden und auf diesem Wege die ökonomischen Grundaktivität des Tauschs facettenreich zu gestalten. Fügt man sogar noch einen weiteren, nunmehr zwischen den beiden erstgenannten liegenden Zeitpunkt hinzu, so öffnet dies das Modell für das Phänomen der Kopplung, bei dem ein Tauschvertrag zum Vertragsbestandteil eines anderen wird.
- Ein systemweites Gleichgewicht, das durch die simultane Inzidenz von Kassa-, Finanzierungs- und Termintransaktionen gekennzeichnet ist, wird (im Gegensatz zum allgemeinen Gleichgewicht, das zwingend alleine Kassatransaktionen vorsehen kann) als multiples Tauschgleichgewicht bezeichnet.

Vermögen

- Der Anwendungsbereich der Bilanz als Instrument zur Erfassung und

Systematisierung von Vermögen braucht nicht, wie es Usus ist, auf einzelne Unternehmen beschränkt zu werden, er kann auch auf ökonomische Gesamtsysteme ausgedehnt werden. Verschmilzt man diese Bilanzauffassung zudem mit dem tauschsystematisierten walrasianischen Paradigma und dem Konzept des Gegenwartswerts, so kann die Bilanz in bestimmten Konstellationen sogar als Bedingung für marktübergreifend-gleichgewichtige Bewertung bzw. als Abbild derselben aufgefasst werden. Insbesondere ist es ja ein beachtliches soziales Phänomen, dass unternehmerische Aktivität pari passu die Beschaffung von Realkapital an Gütermärkten und die Besorgung entsprechender Zahlungsmittelvorschüsse an Eigenfinanzierungsmärkten erforderlich macht – und diese Phänomene können bewertungstechnisch nicht unabhängig voneinander sein.

o Aus der Zwischenschaltung von Eigenfinanzierungsverträgen in Form von Unternehmensanteilen zwischen Unternehmenssektor und Haushaltssektor ergibt sich im Übrigen, dass der Unternehmenssektor (im Gegensatz zu den bis heute üblichen makroökonomischen Zusammenstellungen des Systemvermögens) über kein eigenes Reinvermögen verfügt. Der Überschuss seines Vermögens über seine Schulden ist über die Anteile vielmehr dem Haushaltssektor zuzurechnen.

o Im Gleichgewicht sind die Gegenwartswerte der initialen Ressourcen, hier letztendlich des Realkapitals, einerseits und die Gegenwartswerte der monetär-finanziellen Sphäre, hier am Ende der Unternehmensanteile und der Staatsanleihen, andererseits bilanzgleich und deshalb limitational-komplementär im Leontiefschen Sinne. Komparativstatisch, also von Gleichgewichtssituation zu Gleichgewichtssituation, beträgt das Fix-Faktor-Verhältnis zwischen diesen Blöcken sogar exakt eins.

Obwohl Geld neben Unternehmensanteilen und Staatsanleihen grundsätzlich ebenfalls zur monetär-finanziellen Sphäre gehört, fällt es als stoffwertloses Fiat Money wertmäßig aus der Zusammenstellung des Systemvermögens mittels aggregierter Bilanz heraus, da es dekonvertibilitiert ist und deshalb im Gegensatz etwa zu konvertiblen Banknoten keinerlei Gegenwartswert mehr verkörpert. Auch außerhalb von Gleichgewichtssituationen erlaubt die systematische Vermögenszusammenstellung mit Hilfe der aggregierten Bilanz über Selbstverständlichkeiten hinausgehende Aussagen: Insbesondere können einzelne ihrer Aktiva nicht durch einzelne ihrer Passiva substituiert, also ersetzt werden, und ganz konkret ist eine Ersetzung des Produktionsfaktors Realkapital durch Zins tragende Staatsanleihen (deren Rückflüsse das Realkapital ja gerade speist) undenkbar. Wenn die privaten Haushalte überhaupt Vermögenskomponenten gegeneinander austauschen, so kann diese Substitution sich nur auf die aus Unternehmensanteilen und Staatsanleihen gebildete Gruppe beziehen, nicht aber auf den Produktionsfaktor Realkapital, an dem sie immer nur indirekt über Unternehmensanteile beteiligt sind. Dass ein Anstieg des Nettozinssatzes auf Staatsanleihen zu einer Ersetzung von Unternehmensanteilen (nicht aber von Realkapital!) in den Portfolios der Haushalte führt, erscheint dabei im Übrigen noch nicht einmal abwegig.

- Das Reinvermögen des Haushalts- und damit des gesamten Privatsektors ist im Rahmen des hier betrachteten Gesamtmodells gleich dem summierten Anfangswert seiner Ressourcen. Alternativ kann es auch als Gesamtbetrag und damit als kumulierter Gegenwartswert der monetär-finanziellen Sphäre ermittelt werden.

Geld

- Geld kann in ein Modell des multiplen Gleichgewichts integriert werden, ohne noch auf Konzepte wie Geldmarkt und Financial Assets zurückgreifen zu müssen. Geld erscheint vielmehr als finanzierungsvertraglich strukturierte, „äußere" Ankopplungsstation für andere, quasi „innere" Tauschverträge. Korrespondierend braucht Fiat Money als beliebig vermehrbare Ressource nicht mehr vom Start weg als knapp unterstellt zu werden.

o Von entscheidender Bedeutung für die marktfreie Integration von Geld in das systemweit Geldtausch unterstellende Gesamtmodell ist das externe monetäre Kalkül. Mit seiner Hilfe lässt sich die monetäre Entscheidung über die gewünschte Geldhaltung zeitlogisch vor die konventionellen Entscheidungen im Unternehmens- und im Haushaltssektor ziehen. Fiat Money kann so von den auf knappe Ressourcen zugeschnittenen konventionellen Optimierungskalkülen ferngehalten werden.

Ausblick

Für eine Abschätzung der Tragweite dieser Theorie der Tauschverträge scheint eine Differenzierung sachdienlich:

o Ähnlich wie seinerzeit mit Bezug etwa auf den Markt für Unternehmenskontrolle werden auch heute ökonomische Partialanalysen in recht großer Vielfalt anwendungsnah vorgenommen; exemplarisch sei zunächst der Markt für Umweltgüter genannt. Hier nun zu insistieren, es würden dort nicht einfach nur Umweltgüter, sondern vielmehr synallagmatisch Umweltgüter gegen Geld tauschvertraglich umgesetzt, erschiene doch als ziemliche Spitzfindigkeit.

o Grundlegende Bedeutung ergibt sich hingegen etwa für die totalanalytische, insbesondere konjunkturpolitisch inspirierte Modellbildung, für die das tauschsystematisierte walrasianische Paradigma im Vergleich zu seiner Urform neue Perspektiven schaffen kann.

o Aber auch in einem anderen heutigen Einsatzgebiet der Partialanalyse hat die vorliegende Untersuchung Relevanz, nämlich im Bereich der monetären Ökonomie. Hier stellt sich ganz grundlegend die Frage, ob an Konzepten wie Geldnachfrage und Geldmarkt überhaupt noch sinnvoll festgehalten werden sollte.

Literaturverzeichnis

ARRELLANO, J.P.: De la Liberalización a la Intervención: El Mercado de Capitales en Chile 1974-83, Collección Estudios CIEPLAN 11 (1983), S. 5-49.

BITZ, M./SCHNEELOCH, D./WITTSTOCK, W.: Der Jahresabschluss. Nationale und internationale Rechtsvorschriften, Analyse und Politik, 5., überarbeitete und erweiterte Auflage, München: Vahlen (2011).

BOWLES, S./GINTIS, H.: Walrasian Economics in Retrospect, Quarterly Journal of Economics 115 (2000), S. 1414-1439.

COHEN, A.J./HARCOURT, G.C.: Whatever happened to the Cambridge Capital Theory Controversies, Journal of Economic Perspectives 17 (2003), S. 199-214.

COURNOT, A.-A.: Recherches sur les principes mathématiques de la théorie des richesses, Paris: Hachette (1838); Faksimile: ebd. (1991)

CROUCH, R.L.: Macroeconomics, New York et al.: Harcourt Brace Jovanovich (1972).

DORNBUSCH, R./FISCHER, S.: Moderate Inflation, The World Bank Economic Review 7 (1993), S. 1-44.

EDGEWORTH, F.Y.: Mathematical Psychics. An Essay on the Application of Mathematics to the Moral Sciences, London: Kegan Paul (1881); Faksimile, Düsseldorf: Wirtschaft und Finanzen (1994).

EDGEWORTH, F.Y.: Papers Relating to Political Economy. Volume 1, London: Royal Economic Society/Macmillan (1925); Faksimile, New York: Franklin (1962).

EUCKEN, W.: Grundsätze der Wirtschaftspolitik, Bern: Francke / Tübingen: Mohr (Siebeck) (1952).

FELIPE, J./MCCOMBIE, J.S.L.: The Aggregate Production Function and the Measurement of Technical Change, Cheltenham/Northampton: Edward Elgar (2013).

FERNANDEZ, R.B.: La Crisis Financiera Argentina: 1980-1982, Desarrollo Económico 23 (1983), S. 79-98.

FREEDMAN, C./KUMHOF, M./LAXTON, D./MUIR, D./MURSULA, S.: Global Effects of Fiscal Stimulus during the Crisis, Journal of Monetary Economics 57 (2010), S. 506-526.

FRIEDMAN, M.: The Optimum Quantity of Money, in: FRIEDMAN, M. (Hrsg.): The Optimum Quantity of Money and Other Essays, London: Macmillan (1969), S. 1-50.

FRIEDMAN, M.: Quantity Theory of Money, in: EATWELL, J./MILGATE, M./NEWMAN, P.: The New Palgrave. A Dictionary of Economics, Volume 4, London/New York: Macmillan (1987), S. 3-20.

GABISCH, G.: Haushalte und Unternehmen, in: BENDER, D. et al. (Hrsg.): Vahlens Kompendium der Wirtschaftstheorie und Wirtschaftspolitik, Band 2, 5., überarbeitete Auflage, München: Vahlen (1992), S. 1-59.

GALBIS, V.: Inflation and Interest Rate Policies in Latin America, 1967-76, IMF Staff Papers 26 (1979), S. 334-366.

GALE, D./HELLWIG, M.: Incentive-Compatible Debt Contracts: The One-Period Problem, Review of Economic Studies 52 (1985), S. 647-663.

GOODHART, C.A.E.: Money, Information and Uncertainty, 2nd edition, London: Macmillan: Houndsmills/London (1989).

HAHN, H.J.: Währungsrecht, München: Beck (1990).

HELLWIG, M.: Geldwert und Geldneutralität. Indirekter Tausch und Geld in der temporären Gleichgewichtstheorie, Wirtschaftsstudium 14 (1985), S. 503-508.

HICKS, J.R.: Mr. Keynes and the „Classics"; a Suggested Interpretation, Econometrica 5 (1937), S. 147-159.

HICKS, J.R.: Value and Capital. An Inquiry into some Fundamental Principles of Economic Theory, Oxford: Clarendon (1939).

HILDENBRAND, W./KIRMAN, A.P.: Equilibrium Analysis, Amsterdam: North-Holland (1988).

HUMBOLDT, W.: Antrag auf Errichtung der Universität Berlin (1809), in: MENZE, C. (Bearb.): Wilhelm von Humboldt. Bildung und Sprache. Eine Auswahl aus seinen Schriften, Paderborn: Schöningh (1959), S. 118-123.

HUMBOLDT, W.: Über die innere und äußere Organisation der höheren wissenschaftlichen Anstalten in Berlin (1810), in: MENZE, C. (Bearb.): Wilhelm von Humboldt. Bildung und Sprache. Eine Auswahl aus seinen Schriften, 5., durchgesehene Auflage, Paderborn: Schöningh (1997), S. 118-126.

JEVONS, W. S.: Money and the Mechanism of Exchange, 19th edition, London: Kegan Paul, Trench, Trübner (1908).

KAISER, D.: A Microeconomic Approach to the Problem of Complementary or Substitutional Relations in Private Wealth, Diskussionsbeitrag Nr. 183 des Fachbereichs Wirtschaftswissenschaft der Fernuniversität, Hagen (1992).

KAISER, D.: Finanzintermediäre am Markt für Unternehmenskontrolle: USA und Bundesrepublik Deutschland im Vergleich, Wiesbaden: Gabler/DUV (1994), zugleich Dissertation, Hagen: Fernuniversität (1994).

KAISER, D.: Treasury Management. Betriebswirtschaftliche Grundlagen der Finanzierung und Investition, 2., überarbeitete und aktualisierte Auflage, Wiesbaden: Gabler (2011a).

KAISER, D.: The Equation of Exchange Revisited, Credit and Capital Markets 44 (2011b), S. 491-507.

KAISER, D.: Advanced Treasury Management. Finanzierung und Investition für Fortgeschrittene, Wiesbaden: Springer Gabler (2013).

KAMIYA, K./SHIMIZU, T.: Dynamic Auction Markets with Fiat Money, Journal of Money, Credit and Banking 45 (2013), S. 349-378.

KATH, D.: Geld und Kredit, in: BENDER, D. et al. (Hrsg.): Vahlens Kompendium der Wirtschaftstheorie und Wirtschaftspolitik, Band 1, 5., überarbeitete und erweiterte Auflage, München: Vahlen (1992), S. 175-218.

KETTERER K.-H.: James Tobin – Nobel Laureat, Kredit und Kapital 14 (1981), S. 449-450.

KEYNES, J. M.: The General Theory of Employment Interest and Money, London: Macmillan (1936).

KIYOTAKI, N./WRIGHT, R.: A Contribution to the Pure Theory of Money, Journal of Economic Theory 53 (1991), S. 215-235.

KUHN, T.S.: The Structure of Scientific Revolutions, 3rd edition, Chicago/London: The University of Chicago Press (1996).

LEONTIEF, W.W.: The Structure of American Economy, 1919-1939. An Empirical Application of Equilibrium Analysis, New York: Oxford University Press (1941), 3rd printing, New York: Oxford University Press (1960).

LIM, S. S. / PRESCOTT, E. C. / SUNDER, S.: Stationary Solution to the Overlapping Generations Model of Fiat Money: Empirical Evidence, Empirical Economics 19 (1994), S. 255-277.

MANNE, H.G.: Mergers and the Market for Corporate Control, Journal of Political Economy 73 (1965), S. 110-120.

MARSHALL, A.: Principles of Economics, 8th edition, London: Macmillan (1936).

MARTIMORT, D: Contract Theory, in: DURLAUF, S.N./BLUME, L.E. (Hrsg.): The New Palgrave. Dictionary of Economics. Volume 2, 2nd edition, Basingstoke/New York: Palgrave Macmillan (2008), S. 196-204.

MARX, K.: Das Kapital. Kritik der politischen Ökonomie. Erster Band. Buch I: Der Produktionsprozeß des Kapitals, 4., von Friedrich Engels durchgesehene und herausgegebene Auflage, Hamburg: Meissner (1890), Neuausgabe: Berlin: Dietz (1983).

MARX, K.: Das Kapital. Kritik der politischen Ökonomie. Zweiter Band. Buch II: Der Zirkulationsprozeß des Kapitals, 2., von Friedrich Engels herausgegebene Auflage, Hamburg: Meissner (1893), Neuausgabe: Berlin: Dietz (1984).

MARX, K.: Das Kapital. Kritik der politischen Ökonomie. Dritter Band. Buch III: Der Gesamtprozess der kapitalistischen Produktion, von Friedrich Engels herausgegebene Auflage, Hamburg: Meissner (1894), Neuausgabe: Berlin: Dietz (1984).

MCKINNON, R.I.: Money and Capital in Economic Development, Washington: Brookings (1973).

MELON, J.-F.: Essai politique sur le commerce (1734), zitiert nach: BASTABLE, C.-F.: Public Finance, 3rd edition, revised and enlarged, London: Macmillan (1903), S. 662, Fn. 2.

NEWCOMB, S.: Principles of Political Economy, New York: Harper (1886); Reprints of Economic Classics, New York: Kelley (1966).

PARETO, V.: Manuel d'économie politique, deuxième edition, Paris: Giard (1927).

QUESNAY, F.: Tableau Économique, Versailles: Palace (1758-9), in: KUCZYNSKI, M./MEEK, R.L. (Hrsg.): Quesnay's Tableau Économique, London: Macmillan / New York: Kelley (1972). S. xxxvii-xlix.

RICARDO, D.: Funding System. An Article in the Supplement to the 4th, 5th and 6th editions of the Encyclopaedia Britannica (1820), in: SRAFFA, P. (Hrsg.), The Works and Correspondences of David Ricardo. Volume IV. Pamphlets and Papers. 1815-1823, Cambridge: University Press for the Royal Economic Society (1951), pp. 143-200.

RICARDO, D.: On the Principles of Political Economy and Taxation, 3rd edition, London: Murray (1821), in: SRAFFA, P. (Hrsg.): The Works and Correspondence of David Ricardo. Volume I. On the Principles of Political Economy and Taxation, Cambridge: University Press for the Royal Economic Society (1951), S. 3-429.

ROSENSTEIN-RODAN, P. N.: Das Zeitmoment in der mathematischen Theorie des wirtschaftlichen Gleichgewichtes, Zeitschrift für Nationalökonomie 1 (1930), S. 129-142.

ROYAMA, S./HAMADA, K.: Substitution and Complementarity in the Choice of Risky Assets, in: HESTER, D.D./TOBIN, J. (Hrsg.): Risk Aversion and Portfolio Choice, New York/London/Sydney: Wiley (1967), S. 27-40.

SAMHABER, E.: Der Magier des Kredits. Glück und Unglück des John Law of Lauriston, München: Bruckmann (1941).

SAMUELSON, P.A.: An Exact Consumption-Loan Model of Interest with or without the Social Contrivance of Money, Journal of Political Economy 66 (1958), S. 467-482.

SAMUELSON, P.A.: Volkswirtschaftslehre. Band I, 7., vollständig neu bearbeitete Auflage, Köln: Bund (1981).

SCHMIDT, S.: Optimal Monetary and Fiscal Policy with a Zero Bound on Nominal Interest Rates, Journal of Money, Credit and Banking 45 (2013), S. 1335-1350.

SCHNEIDER, D.: Betriebswirtschaftslehre. Band 4: Geschichte und Methoden der Wirtschaftswissenschaft, München/Wien: Oldenbourg (2001).

SCHNEIDER, E.: Einführung in die Wirtschaftstheorie. II. Teil. Wirtschaftspläne und wirtschaftliches Gleichgewicht in der Verkehrwirtschaft, Tübingen: Mohr (Siebeck) (1949).

SMITH, A.: An Inquiry into the Nature and Causes of the Wealth of Nations, 5th edition (1789), Neuausgabe als Cannan Edition: New York: Modern Library (1937).

STÜTZEL, W.: Volkswirtschaftliche Saldenmechanik. Ein Beitrag zur Geldtheorie, 2. Auflage, Tübingen: Mohr Siebeck (1978); Nachdruck der 2. Auflage, Tübingen: Mohr Siebeck (2011).

SYLOS LABINI, P.: Lezioni di economia. Volume I. Questioni preliminari. La macroeconomia e la teoria keynesiana, Roma: Ateneo & Bizarri (1979).

THIEME, H. J.: Geldtheorie. Stand, neuere Entwicklungen und geldpolitische Konsequenzen, Wirtschaftswissenschaftliches Studium 22 (1993), S. 171-180.

TOBIN, J.: Money, Capital, and Other Stores of Value, American Economic Review, Papers and Proceedings 51 (1961), S. 26-37.

TOBIN, J.: An Essay on Principles of Debt Management, in: The Commission on Money and Credit (Hrsg.): Fiscal and Debt Management Policies, Englewood Cliffs: Prentice-Hall (1963), S. 143-218.

TOBIN, J.: Money and Economic Growth, Econometrica 33 (1965), S. 671-684.

TOBIN, J.: A General Equilibrium Approach to Monetary Theory, Journal of Money, Credit and Banking 1 (1969), S. 15-29.

WALD, A.: Über die eindeutige positive Lösbarkeit der neuen Produktionsgleichungen, in: MENGER, K. (Hrsg.): Ergebnisse eines mathematischen Kolloquiums 6 (1935), S. 12-20; Nachdruck: Wien et al.: Springer (1998).

WALD, A.: Über einige Gleichungssysteme der mathematischen Ökonomie, Zeitschrift für Nationalökonomie 7 (1936), S. 637-670.

WALD, A.: Über die Produktionsgleichungen der ökonomischen Wertlehre, in: MENGER, K. (Hrsg.): Ergebnisse eines mathematischen Kolloquiums 7 (1936), S. 1-6; Nachdruck: Wien et al.: Springer (1998).

WALKER, D.A.: Walras, Léon (1834-1910), in: EATWELL, J./MILGATE, M./NEWMAN, P. (Hrsg.): The New Palgrave: A Dictionary of Economics. Volume 4, London/Basingstoke: Macmillan (1987), S. 852-863.

WALRAS, L.: Éléments d'économie politique pure, Lausanne: Corbaz (1874-1926), redigierter und synoptischer Wiederabdruck aller fünf Auflagen in: DOCKÈS, P. et al. (Hrsg.): Auguste et Léon Walras. Œuvres économiques complètes, Tome 8, Éléments d'économie politique pure ou théorie de la richesse sociale, Paris: Economica (1988).

WICKSELL, K.: Geldzins und Güterpreise. Eine Studie über die den Tauschwert des Geldes bestimmenden Ursachen, Jena: Fischer (1898); Faksimile, Düsseldorf: Wirtschaft und Finanzen (1997).

WÖHE, G./BILSTEIN, J./ERNST, D./HÄCKER, J.: Grundzüge der Unternehmensfinanzierung, 10., überarbeitete und erweiterte Auflage, München: Vahlen (2009).

The manufacturer's authorised representative in the EU is Springer Nature Customer Service Centre GmbH, Europaplatz 3, 69115 Heidelberg, Germany. If you have any concerns regarding our products, please contact ProductSafety@springernature.com

Printed and bound by CPI Group (UK) Ltd, Croydon, CR0 4YY

25/03/2026

02078195-0005